KB121813

청소년을 위한

비폭력 대화

청소년을 위한

누가 알아줄까 내 마음?

김미경 지음

우리학교

감사의 마음을 담아 10주년 개정증보판을 내며

『청소년을 위한 비폭력 대화: 누가 알아줄까 내 마음?』이 출간된 지 10년이 됐습니다. 청소년들을 위한 책이었는데 청소년과 관련 있는 어른들도 많이 읽어 주셔서 놀랐습니다. 청소년들에게 관심과 사랑을 가진 분들이 많다는 증거로 감동과 감사를 느꼈습니다.

관심과 사랑 덕분에 '내 마음, 네 마음 알기', '사춘기 자녀와의 대화', '진로 탐색을 위한 자기 이해', '자아실현을 위한 자존감 키우기' 등 여러 가지 주제로 학생, 교사, 학부모, 청소년 시설 관계자 등 다양한 독자들을 만날 수 있었습니다. 책을 읽고 쓴 독후감을 선물로 받기도 했고 메일을 받기도 했습니다. 독자들의 글을 읽다가 기쁨과 고마움으로 울컥하기도 했습니다. 여기서 학생들의 독후감을 잠시 소개하려 합니다.

'저는 저 자신에 대해 잘 몰랐습니다. 사람들은 자신을 아는 게 가장 어려운 일이라고 하면서, 자신을 가장 잘 아는 건 자기 자신이라고도 했습니다. 이렇게 모순되는 말을 들으면서 무엇이 진실일까 고민하기도 했습니다. 고민하고 고민하던 중에 선생님의 추천으로 『청소년을 위한 비폭력 대화: 누가 알아줄까 내 마음?』을 읽게 되었습니다. 이 책의 주제는 '마음 알아주기'였습니다. 내 마음을 알고, 다른 사람의 마음을 알 수 있는 방법을 구체적으로 담고 있었습니다. 이 책 덕분에 자신에 대해 안다는 것이 무엇인지 알 수 있었습니다. 그것은 바로 내가 원하는 것을 아는 일이었습니다. 무엇보다, 방황하는 내 마음을 알 수 있어서 좋았습니다.

내 마음이 다른 사람에게 영향을 미친다는 사실을 이해하지 못했는데, 내가 짜증을 내고 화를 내자 상대방 역시 짜증을 내고 화를 내는 경험을 하면서 그 의미를 알게 되었습니다. 누군가를 미워하고 욕하고 싶은 마음이 들다가도 내 마음, 그 사람의 마음이 어떠한가에 관심을 갖게 되었습니다.'

이 학생은 내 마음을 알아주는 일의 필요를 깨닫고 실천하게 되었습니다. 다음 학생은 자기 안에 뾰족했던 마음이 다른 사람에게 상처 준 일을 반성하여 근본적인 원인을 알아가는 과정을 들려주었습니다.

'책을 읽으면서 계속 마음이 시큰했습니다. 내 말이 얼마나 많은 사람에게 비수로 꽂혔을지를 알았기 때문입니다. 무심히 펼쳤던 책이 내게 '반성'이라는 두 글자를 스르르 넘겨주며 '괜찮아. 이렇게 하면 돼.'라고 알려 주었습니다. 각 장에 담긴 활동을 하면서 책과 함께 한다는 생각이 들었고, '할 수 있어!'라고 나를 칭찬하게 되어 힘이 솟았습니다.

가장 기억에 남는 장은 '필요를 알아줘요'라는 장이었습니다. 실수해서 겸연쩍기도 하고, 잘못도 없이 혼이 나서 억울하기도 하고, 어이없는 오해를 받아 황당하기도 하고, 속에 품고 있는 말을 털어놓지 못해 가슴이 답답하기도 했습니다. 그때 내가 원하는 것, 필요를 알아주자 마음이 후련해졌습니다. 가슴을 짓누르던 돌덩이를 내려놓은 듯했습니다.'

학생들의 독후감을 읽으면서 놀람과 감동, 감사로 울렁이는 마음을 진정하려고 잠시 글에서 눈을 떼고 숨을 몰아쉬기도 했습니다. 내 마음을 안다는 것이 무엇인지 알게 되었고, 이 책을 통해 내 마음이 다른 사람의 마음에도 영향을 미친다는 사실을 깨달았다는 내용이 놀라웠습니다. 또, 내 말이 누군가에게 상처를 줬을지도 몰라 마음이 시큰했지만 책에 담긴 활동을 하며 힘이 솟았다는 부분도, 필요를 알아주어 마음의 무거운 돌덩이를 내려놓은 듯했다는 문장을 읽을 때는 눈이 흐려지기도 했습니다. 다음은 10주년 개정판에 '자존감' 내용을 보강하게 만든 독후감입니다.

'얼마 전 엄마가 동생과 다투다가 결국 매를 들어 동생의 종아리를 때렸습니다. 부모님은 왜 그런 일이 일어났는지를 말하는 동생의 말은 듣지 않고, 결과만 보고 잘못을 지적하며 화를 내셨습니다. 내가 부모님께 "우리 가족은 평소에는 잘 지내지만, 잘못을 짚어 주는 방법이 잘못됐다."라고 말하자 처음엔 두 분이 무작정 화만 내셨습니다. 평소와 달리 나는 포기하지 않고 "대화를 하자. 부모님이 화를 낼 때 내 생각을 제대로 말한 적이 없다. 상한 감정을 오랫동안 묵혀 왔기 때문에 나도 의도와 다르게 내뱉었다. 제대로 말하지 않아서 화만 키웠던 것 같다. 대화를 하자."라고 용기 내어 말했습니다.

그 일을 계기로 우리 가족은 누군가 화가 나면 대화를 나누게 되었습니다. 나와 동생은 왜 그런 일이 일어났는가를 솔직하게 말하고, 부모님은 충분히 들어 주신 뒤 말씀하시게 되었습니다. 부모님과 동등하게 대화하게 되자 내가 더 이상 어린애가 아니라는 생각이 들어 뿌듯했습니다. 내가 하는 말의 소중함과 책임감을 분명히 깨닫게 되었습니다.'

이 독후감을 읽고 얼마나 반갑고 기쁜지 박수를 치고 싶었습니다. 제가 책을 쓴 의도를 실제로 실천하고 있는 학생을 만났기 때문입니다. 상대방이 누구든 원하는 것을 말하고 행동으로 옮기는 힘은 자존감에서 나옵니다. 자존감은 자신을 귀하고 소중하게 여기는 마음으로, 무엇에도 위축되지 않도록 나를 지지해 줍니다.

당당하게 원하는 것을 말할 수 있을 때 상대방이 원하는 것에도 관심을 두게 됩니다. 자기 생각을 말할 수 없으면 상대방이 하는 말이 제대로 들리지 않고 듣고 싶지도 않습니다. 맘껏 자기 생각을 말할 수 있고, 또 이런 내 생각을 진지하게 들어 주는 어른이 있다면 청소년들의 저항, 반항, 침묵, 일탈 행동은 줄어들 것입니다. 이번에는 스트레스를 해소한 메일 한 편을 소개하겠습니다.

'대학에 다니고 있는 스물한 살 여학생이에요. 저는 친구랑 자주 다투고 가족들이랑도 자주 싸우고는 했어요. 말이 안 통한다고 화를 냈고 스트레스를 받으면 답답해서 몸에 안 좋은 걸 알면서도 흡연으로 화를 풀곤 했어요.

며칠 전 학교 도서관에서 『청소년을 위한 비폭력 대화: 누가 알아줄까 내 마음?』이라는 책을 봤어요. '한번 읽어 볼까?' 하는 마음에 책을 대출했어요. 읽다 보니 그동안 저는 대화를 한 게 아니었어요. 대화는 내가 원하는 것을 말하고 상대방이 원하는 것을 들어 주는 것이더라고요.

이 책을 읽은 뒤로는 스트레스를 받을 적마다 제가 원하는 것을 찾고 실행하다 보니, 신기하게도 흡연할 생각이 안 들고 인간관계도 좋아졌어요. 이젠 말할 때 미리 말할 내용을 정리하고, 들을 때는 상대방이 개떡같이 말을 해도 그 사람이 무엇을 원하는가 생각해요. 그러다 보니 화도 많이 줄었어요. 정말 감사드려요. 선생님께서 앞으로도 좋은 책을 써 주셨으면 해서 메일을 보냅니다.'

화가 나거나, 슬프거나, 외롭거나, 괴롭거나, 억울하거나, 힘들 때 친구에게 그 마음을 털어놓듯이 내 마음과 대화하기를 바랍니다. 마음과 대화하며 원하는 것을 찾게 되면 마음이 편안해지면서 말과 행동으로 원하는 바를 실천할 수 있습니다. 상대방이 하는 겉말에 흔들릴 때는 '무엇을 원하고 있지?'라고 호기심을 갖기를 바랍니다. 그 호기심이 두 사람을 잇는 다리가 되어줄 것입니다.

10년 뒤엔 이 책을 읽은 여러분들이 20대, 30대가 되어 여러 곳에서 활동하고 있겠지요. 가정에서, 학교에서, 거리에서, 버스나 지하철에서, 일터에서 이런 모습을 보고 싶습니다. 여러분이 가슴속에 있는 말을 누르지 않고 누구에게라도 침착한 목소리로 간결하게 말하는 모습을 보고 싶습니다. 누군가 말을 하면 하던 일을 멈추고, 몸도 마음도 그쪽으로 기울여 들어 주는 모습을 보고 싶습니다. 여러분의 따뜻한 기운이 온 세상으로 번지기를 바랍니다. 고맙습니다.

2024년 여름

김미경

30년 가까이 국어 교사로서 학생들을 만나 왔고 지금은 비폭력 대화, 감정 치유, 갈등 중재 강사로 청소년들과 함께하고 있습니다. 학교와 학원을 오가며, 입시 공부에 지쳐 몸과 마음이 어떤 상태인지 돌아볼 잠깐의 여유조차 갖기 어려운 청소년들을 볼 때면 안타까운 마음을 이루 말할 수 없습니다.

청소년들과 만나면서 청소년들에게 학과 공부보다 더 절실한 것이 있다는 생각을 하곤 합니다. 스스로 자기 몸과 마음을 돌볼 수 있는 방법을 배우는 것이 바로 그것입니다. 때로는 그렇게 하고 있는 학생들을 만나기도 합니다. 한 초등학교에서는 학생들이 하루 수업을 마친 후 이런 인사를 나누고 있습니다. “애(愛) 많이 쓰셨습니다.”라고요. 중학교 1학년 학생들을 대상으로 했던 강의에서 “친구가 짜증이나 화를 내면 어떻게 하나요?”라고 묻자 “더 친절하게 대해 줘요.”라고 답했던 학생도 기억합니다. 한 고등학생은 “선생님이 알려 주신 대로 말했더니 친구와 오해가 풀렸어요. 공감 잘하면 연애도 잘하겠어요.”라고 웃으며 말하기도 했습니다. 비폭력 대화를 만든 마셜 로젠버그는 “비폭력 대화는 사랑이 무엇이고, 그 사랑을 어떻게 실천할 수 있는지에 대한 탐구에서 비롯되었다. 사랑은 느낄 수 있는 것일 뿐만 아니라 분명하게 드러낼 수 있는, 할 수 있는 어떤 것이다.”라고 말했습니다.

이 책에는 제가 이해하고 실천한 비폭력 대화를 학생들과 함께 나눈 경험들이 어우러져 있습니다. 선생님들과 학생들이 일주일에 한 시간이라도 시간을 마련하여 이 방법을 함께 나눌 수 있기를 바랍니다. 몸과 마음을 돌보는 방법들을 교과의 한 과목으로 학교에서 배우게 될 날을 고대하며 이 책을 썼습니다.

이 책을 쓸 수 있도록 많은 이야깃거리와 깨우침을 준 남편과 우리 집 세 아이들, 사례를 제공해 준 학생들에게 고마운 마음을 전합니다. 학생들을 만나고 그 경험을 나눌 수 있었던 것은 강의 연결을 위해 애써 주신 권정혜, 송형호, 이돈집, 이명남, 이정혜, 한승권 선생님과 여러 선생님들 덕분이었습니다. 카페에 올리신 글을 책에 옮길 수 있도록 해 주신 이재복 선생님께도 감사드립니다.

많은 분들의 사랑과 정성으로 이 책이 완성되었습니다. 비폭력 대화를 가르쳐 주신 캐서린 한 선생님, 한 문장 한 문장을 꼼꼼하게 다듬어 주신 정화 스님, 초고를 엮어 책 쓰기를 가능하게 해 준 동생 미화, 교정을 봐 주신 노태규, 정채현 선생님, 삼정중학교 서예지, 이주연 학생, 우리학교 출판사, 지지와 사랑을 보내 주신 많은 분들께 두 손 모아 감사를 드립니다. 책의 내용이나 형식에 관계없이 질문이나 조언이 있으면 연락 주시기 바랍니다. 비폭력 대화를 향한 여러분의 발걸음을 기다리고 있겠습니다.

차례

PART 1

비폭력 대화의 첫걸음

내 마음을 내가 봅니다

마음을 들여다봐요

비폭력 대화 강의 첫 시간.

학생들의 반응은 다양합니다. "샘, 우리 폭력적인 아이들 아니에요. 폭력적인 아이들 저기 있어요."라며 다른 쪽을 가리키는 학생, "폭력 대화도 있나요?"라고 묻는 학생, "어른들이 배워야 할 것 같은데요?"라며 고개를 갸우뚱하는 학생, "역 이름 같아요. 비폭역."이라고 말하는 학생 등 재미있는 말들이 많이 나옵니다.

비폭력 대화는 내 마음을 알고 상대 마음을 알아주는 대화법이라고 설명하면 "마음을 알게 된다고요?" 하며 그때부터 호기심으로 눈망울을 반짝이는 학생들이 보입니다. "누구 마음을 알고 싶은가요?"라고 물으면 "여자 친구요.", "남자 친구요."라는 답이 많고, 빙그레 웃으며 얼굴을 붉히는 학생들도 있습니다. "내 마음을 잘 알게 되면 여(남)친 마음을 알 수도 있다."라고 말하면 강의를 듣는 태도가 사뭇 진지해집니다.

그 첫 활동으로 "지금 어떤 느낌인가요?"라고 물어보면 학생들은 "피곤하다, 귀찮다, 짜증 난다."라는 말을 주로 합니다. 학교 다니랴 학원 다니랴 몸과 마음이 쉴 틈이 없어 피곤하겠지요. 이렇게 피곤한 상태에서 '~해라', '~했니?', '~해야지'와 같이 강요의 뜻이 담긴 말을 들으면 귀찮고 짜증이 나고 화가 납니다.

그런가 하면 여러분이 하는 말을 어른들이 들어 보지도 않고 판단하고 결정을 내릴 때도 있으니 어이없고, 억울하고, 분하고, 슬프기까지 합니다. 그런 마음이 드러난 동시를 한 편 읽어 볼까요?

회관 문

강원 삼척 고천분교 3학년 고현우

아침에 밖에 나가 보니
회관 문이 깨져 있다.
우리들은 바람이 깼다 생각하고
어른들은 우리가 깼다 생각한다.

이 동시를 읽으니 학교에서 학생들을 가르치던 때의 경험이 떠오릅니다. 저도 그랬습니다. 어느 날 종례 시간에 교실에 들어갔는데 유리창이 깨져 조각들이 바닥에 흩어져 있었습니다. 대뜸 "누가 깼어?"라고 소리쳤습니다. 그러자 학생들은 멈칫하고 서로 눈치를 살폈습니다. "누구야? 대답 안 할 거니?" 제 목소리는 점점 높아졌습니다. 제 표정과 목소리에 화가 묻어났기에 학생들은 두렵고, 불안하고, 짜증 나고, 화가 나고, 억울했을 것입니다.

'피곤하고, 귀찮고, 짜증 나고, 두렵고, 불안하고, 화나고, 억울하고, 분하고, 슬픈' 느낌들이 일어나는 조건이 있습니다. 놀고 싶거나 쉬고 싶은데 부모님이 "공부해라."라고 말하면 짜증이 납니다. 종일 학교에서 학원에서 공부하느라 지쳐서 쉬고 싶은데 계속 공부하라고 하니 화가 납니다. 그래서 "아, 짜증 나!"라고 버럭 화를 내고서 그 자리를 피합니다. 그런데 화를 내고 나면 어떤가요? 마음이 편하지 않지요. 그래서 그 순간이 지나고 나면 '좀 참을걸.' 하는 생각이 듭니다. 짜증이 나는데 억지로 참을 수도 없고, 그렇다고 화를 내면 금방 후회가 밀려오고…….
그러니 어떻게 하면 좋을까요?

☘ ☘ ☘

짜증이 나거나 화가 날 땐 먼저 마음을 들여다보세요. 마음을 보는 건 어떻게 하는 거냐고요?

우리가 무언가를 보려고 할 때 눈에 바짝 가까이 대고 보면 제대로 보이지 않습니다. 너무 가까우면 초점이 맞지 않아 흐릿하게 보입니다. 적당히 거리를 두어야만 제대로 보이지요. 마음을 보는 것도 마찬가지입니다. 마음을 보려면 마음과 여러분 사이에 거리가 필요합니다.

마음이 고요하다가 어떤 조건 때문에 화가 나거나 불안해지거나 슬퍼지면 그렇게 화가 나고 불안해지고 슬퍼지는 마음을 알아차립니다. 이렇게 내 마음을 조금 떨어져서 보는 것을 '알아차림'이라고 합니다. 지금 내 마음이 어떤지 내가 나를 바라보는 것입니다.

복도에서 친구들과 이야기하는데 누군가가 툭 치고 지나갑니다. 그때 내 몸은 놀라고, 마음은 당황스럽고 짜증이 납니다. 그렇게 몸과 마음에서 일어나는 변화를 알아채는 것입니다. 우리 몸과 마음은 아주 자그마한 자극에도 반응합니다. 바깥에 나갔는데 바람이 차면, 순간 우리 몸은 찬바람에 반응합니다. 그럴 때 우리는 몸에서 어떤 일이 일어나고 마음은 어떻게 반응하는지 알 수 있습니다.

컴퓨터 게임을 하고 있는데 부모님이 "이제 그만하고 공부해."라고 말씀하십니다. 그 말을 들은 순간 몸에서 어떤 느낌이 솟구칩니다. 그때 바로 '아, 지금 내가 화가 났구나.' 하고 마음을 알아차립니다. 화가 일어나는 순간, 화가 나는 내 마음을 보는 것이지요. 처음에는 화를 내고 짜증을 부린 뒤에야 마음을 알아차리겠지만, 자신을 떨어져서 보는 훈련을 계속하다 보면 어느 순간에는 그런 느낌이 일어나자마자 바로 알아차릴 수 있게 됩니다.

자기 자신을 바라보는 연습을 해 보세요. 걸으면서도 걷는 나 자신을 봅니다. 한 발 한 발 내디딜 때 발바닥이 땅에 닿는 느낌에서부터 종아리, 가슴, 어깨, 얼굴에서 일어나는 변화를 알아차립니다. 어깨를 폈는지 구부리고 있는지, 허리를 곧추세웠는지 구부정한지, 멀리 보고 다리를 쭉쭉 내딛고 있는지 고개를 숙이고 땅바닥을 보며 걷고 있는지를 봅니다. 밥 먹을 때도 밥을 먹고 있는 나 자신을 봅니다. 숟가락을 들고 내리고 젓가락을 집었다 놓았다 하고 음식을 씹고 삼키는 동작을 봅니다.

스스로 자신의 관찰자가 되어 내가 어떻게 말하고 어떻게 행동하고 있는지를 바라봅니다. 이렇게 순간순간 몸과 마음에서 일어나는 변화를 살피면 생각과 행동이 바뀝니다. 그 변화는 나에게도 이롭고 상대에게도 이로운 말과 행동으로 나타납니다. 친구들과 관계가 힘들다고 하소연하던 학생이 이렇게 말한 적이 있습니다.

어느 날 〈가시나무〉라는 노래를 우연히 듣고 깜짝 놀랐어요. 내 속엔 내가 너무도 많아 당신이 쉴 곳이 없다는 내용의 가사가 제 마음을 그대로 옮겨 놓은 듯해서요. 인간관계가 어려웠던 것은 관계를 힘들게 하는 생각으로 제 머릿속이 꽉 차 있었기 때문이에요. 그리고 그것들은 대부분 상대가 이렇게 해 줬으면, 저렇게 해 줬으면 하는 헛된 기대들이었어요. 그래서 상대방이 제가 원하는 대로 행동해 주지 않으면 저를 무시하거나 사랑하지 않는다고 생각했어요. 그 가시로 내가 나를 찌르고 다른 사람들도 찌른 생각을 하면 끔찍해요.

선생님께서 "상대방에 대해서 불평불만이 일어나면 왜 이렇게 불편한지 마음을 먼저 들여다봐라."라고 하셨잖아요. 이제는 다른 사람의 말이나 행동 때문에 언짢거나 어떤 생각이 떠오르면 그 생각들을 바라봐요. 그리고 그 생각이 불러일으키는 감정들을 몸으로 느껴요. 제 안에 있는 여러 가지 느낌을 알아채면서, 외롭고 또 괴로워 슬픈 노래를 부르던 날은 이젠 옛일이 되었어요. (18세 여학생)

이 학생은 자기 마음을 들여다보게 되면서 괴롭고 슬픈 감정을 알아채고 그 느낌을 불러일으키는 생각의 가지들을 찾아냈습니다. 그리고 그 생각 가지들이 더 이상 뻗어 나가지 않게 조절했습니다. 생각의 가지가 뻗어 나갈수록 괴롭다는 것을 알았기 때문입니다. 생각의 가지를 만드는 것 역시 습관이라는 것을 알고, 그 습관을 끊기로 한 것이지요.

'내 마음을 내가 보는 것!' 이것이 우리가 이제부터 배우려고 하는 '비폭력 대화'의 첫걸음입니다. 첫걸음을 떼고 나면 그다음부터는 성큼성큼 내딛게 됩니다. 마음을 본다는 것은 다른 말로 하면 마음을 알아준다는 말입니다. 내가 무얼 하고 있는지, 어떤 느낌인지를 알아채는 것이지요. 이 상황에서 왜 이런 말이나 행동을 하는지를 알게 되면 자신을 이해하게 됩니다. '나'를 이해하게 되면 나에게 친절해집니다. 나에게 친절하다는 것은 나를 보는 눈이 편안해진다는 뜻입니다. 나를 보는 눈이 편안해지면 다른 사람을 보는 눈도 순해집니다. 그렇게 되면 자신을, 또 다른 사람을 못마땅하게 여겨서 탓하고 비난하고 평가하던 말을 멈추게 됩니다.

여러분은 자신에게 얼마나 친절한가요? 일상생활에서 틈 날 때마다 몸과 마음을 찬찬히 그리고 자세히 살펴보세요. 그렇게 몸과 마음을 보면서 '아, 내가 지금 다리를 떨고 있네. 긴장하고 있구나!' 하고 알아차려 보세요. 이렇게 몸과 마음을 보는 연습을 계속하다 보면 어느새 나에게, 다른 사람에게 친절하고 따뜻하게 대하는 자신을 발견하게 될 것입니다.

호흡을 느껴요

마음을 보는 방법 중 하나는 몸에 관심을 갖는 것입니다. 몸에 관심을 갖는다는 것은 몸이 보내는 신호를 알아채는 것입니다. 배가 고프다는 신호를 보내면 먹고, 피곤하다는 신호를 보내면 쉬고, 목이 마르다는 신호를 보내면 마시고, 춥다는 신호를 보내면 옷을 따뜻하게 입습니다. 그런가 하면 몸은 심리적인 신호를 보내기도 합니다. 가고 싶은 곳에 갈 때는 걸음이 날아갈 듯 가볍지만, 의무적으로 가야 하는 장소로 향할 때는 발걸음이 무겁습니다. 모임에서도 내 몸은 호감을 느끼는 사람이 있는 쪽으로 기울어지고 불편한 사람에게서는 멀어져 갑니다.

몸이 보내는 신호에 귀를 기울이면 자신에 대해서 많은 것을 알 수 있습니다. 무엇에 끌리고 무엇에 저항하는지를 알 수 있고, 내가 어떻게 말하고 행동하는지도 볼 수 있습니다. 또 상황이나 상대에 따라 달라지는 내 말과 태도를 볼 수 있습니다. 그런 말과 행동이 무엇을 원해서인지를 찾아보시기 바랍니다.

물이 잔잔할 때 바닥이 보이듯 몸과 마음이 고요하고 편안할 때 신호를 알아채기가 쉽습니다. 몸 어딘가가 조금이라도 불편하면 마음이 흔들립니다. 몸이 편안하면 마음이 편하고 고요해집니다. 호흡을 의식하다 보면 몸이 편안해집니다. 호흡을 의식하는 것은 살아 있는 생명체로서 나를 만나는 일이기 때문입니다. 호흡은 생명의 약동입니다. 일상생활에서 크고 작은 문제를 푸는 힘은 살아 있는 자신을 느끼는 데서 솟아납니다. 내 안의 생명 에너지와 만날 때 뭔가를 다시 해 볼 수 있는 힘이 솟구칩니다. 여러분도 틈 날 때마다 호흡을 세어 보세요.

숨을 들이쉬면 배가 불룩해지고 내쉬면 들어갑니다. 배가 불룩해졌다 들어가는 것을 느껴 봅니다. 그리고 천천히 숫자를 세어 봅니다. 숨을 들이쉬고 내쉴 때까지를 하나로 정해 하나부터 열까지 세어 보세요. 열까지 세고 나면 다시 하나부터 시작해서 열까지 세어 보세요. 그리고 들이쉬고 내쉬는 사이에 호흡이 잠시 멈추는 상태를 느껴 보세요. 잘 알아차려지지 않을 때는 배에 손을 갖다 대면 더 쉽게 느낄 수 있습니다. 다음은 호흡 수련을 시작한 한 학생이 들려준 이야기입니다.

화장실에서 담배를 피우다가 학생부 선생님께 들켰어요. 놀라고 겁이 나고 화가 끓어올랐어요. 또 벌점을 받으면 자퇴해야 하는 상황이었거든요. 속상하고 불안하고 두렵고, 여러 가지 느낌이 오고 갔어요. 선생님께 끌려 학생부에 들어서자 다른 선생님들이 "또 걸렸어?", "너 학교 그만두려고 작정했구나?" 하고 말씀하셨어요. 순간 저도 모르게 욕이 튀어나왔어요. 그러자 선생님이 "너 지금 누구한테 욕을 하는 거야? 어디서 배운 버릇이야! 네 부모가 그렇게 가르쳤어?"라고 소리를 질렀어요.

그 소리를 듣고 난 다음에는 제가 어떤 말과 행동을 했는지 잘 기억이 안 나요. 제가 소리를 지르면서 의자를 걷어차고, 벽을 주먹으로 때리고 문을 발로 차고 그랬대요. 그때 저를 누군가 뒤에서 가만히 껴안았어요. 담임 선생님이었어요.

선생님은 저를 구석으로 데리고 가셔서 의자에 앉게 한 뒤 가슴으로 심호흡을 세 번 하게 하셨어요. 심호흡을 세 번 하자 머리까지 치솟았던 열이 가라앉으며 눈물이 솟구쳤어요. 왠지 모르게 서러웠어요. 그 사건을 통해 호흡이 차분해지면 마음이 차분해진다는 사실을 알았어요. 치솟는 느낌을 잡을 수 있는 방법이 호흡이라는 것을 알고 난 뒤부터 수련을 시작했어요. (17세 남학생)

마음이 불편할 때, 화가 나거나 두렵거나 불안할 때, 또 우울하거나 서러울 때는 가슴을 크게 들어 올렸다가 내리기를 반복하면서 가슴 호흡을 해 보세요. 가슴을 위로 크게 들어 올렸다가 아래로 푹 떨어뜨리면서 입으로 "후." 한숨을 크게 내쉽니다. 그러면 마음이 차분하게 가라앉습니다. 마음이 가라앉으면 내 마음을 들여다볼 준비가 된 것입니다. 잠들기 전, 잠에서 깬 뒤, 버스나 지하철 등 언제 어디서나 호흡에 마음을 가져가 보세요. 그리고 눈을 감아 보세요. 얼굴에 힘을 빼고 배가 불룩해지도록 천천히 숨을 길게 들이마셨다 배가 홀쭉해지도록 내쉬어 보세요.

몸의 감각을 살펴요

이번에는 몸에서 어떤 일이 일어나고 있는지를 살펴봅시다. 어떤 말을 듣거나 어떤 사람이 하는 행동을 보고 내 몸에 어떤 감각이 일어나는지 그 느낌에 주의를 기울여 봅니다. 예를 들어 거리에서 우연히 친구를 만난다면, 그때 몸 어디에 어떤 감각이 일어나나 살펴보세요. 특정 부위에서 어떤 감각이 느껴지면 그 감각에 주의를 기울입니다. 두근거리는지, 멈칫하는지, 찌릿찌릿한지 그 감각을 찾아봅니다.

화가 나면 양미간이 모이면서 눈에 열감이 느껴지고 눈꼬리나 입꼬리가 위로 올라갑니다. 열이 몸 위쪽으로 솟구치는 것을 느낄 수 있습니다. 그래서 턱도 손도 어깨도 긴장이 됩니다. 목이나 가슴이 뻣뻣해지기도 하고, 손이나 어깨 근육이 떨리기도 합니다.

우울할 때는 어떨까요? 눈썹에도 눈에도 힘이 빠집니다. 눈꼬리와 입꼬리도 내려갑니다. 목이 저절로 숙여지고 어깨가 안쪽으로 구부정해집니다. 눈빛이 멍해지면서 어디를 보고 있는지 모를 정도로 무기력해 보이는 사람도 있고, 미간에 주름이 잡히는 사람도 있습니다.

이번에는 걸음걸이를 살펴봅시다. 사람마다 걷는 모습이 다릅니다. 발을 성큼성큼 내딛는지, 급하게 걷는지, 종종걸음을 치는지, 신발을 끌고 있는지, 고개를 숙이고 걷는지, 앞을 보고 걷는지, 어떤 생각에 잠겨 걷는지, 주변 사물을 살피며 걷는지 발을 땅바닥에서 들어 올렸다 다시 내딛는 동작 하나하나에 주의를 기울입니다. 다음은 몸의 감각에 집중하면서 학교 가는 길이 흥미로워졌다는 학생의 이야기입니다.

학교에 갈 때 한 15분 정도 걸어요. 그 시간 동안에도 수없이 많은 생각과 느낌이 왔다 갔다 하는 것을 알았어요. 그리고 그 느낌들은 상황에 따라, 날씨에 따라, 옆에 누가 있느냐에 따라 달라졌어요. 집에서 여유 있게 출발한 날은 몸도 마음도 여유로워 천천히 걸었어요. 하지만 늦게 출발한 날은 지각할지도 모른다는 생각에 마음이 조급해져 걸음이 빨라졌어요. 그런 날은 자전거나 자동차 때문에 멈추게 되면 짜증이 났어요. 비가 오는 날은 우산을 들고 있어서 몸이 긴장되고 발걸음도 조심스러웠어요. 그런가 하면 우산에 부딪히는 빗방울 소리를 들으면서 발걸음이 가벼운 날도 있었어요. 준비물을 사러 문방구에 들렀을 때 아이들이 입구를 막고 있으면 짜증이 났어요. 하지만 새로운 문구용품을 보면 금세 호기심이 일었어요. 돈이 있어서 살 수 있으면 기뻤고요. 못 사면 아쉽고 서운하고 안타까웠어요. 전에는 혼자 가는 등굣길이 심심하고 허전하고 외롭고 쓸쓸했지만, 요즘에는 달라졌어요. 혼자 걸으면서 그때그때 달라지는 느낌에 집중하는 재미가 쏠쏠해요. (14세 여학생)

몸에 관심을 두면 차에 오르고 내릴 때, 누군가에게 물건을 건넬 때 자신이 어떤 몸짓으로 그 동작을 하고 있는지 알게 됩니다. 어른들 앞에서 몸이 긴장되어 움츠려졌다가도 친구를 만나면 편안해져서 몸이 풀리는 것을 느낄 수 있습니다. 또 화가 나서 몸이 굳어지는가 하면, 즐거워서 풍선처럼 가벼워지기도 합니다. 자극받을 때 몸이 어떻게 변하는가에 주의를 기울이면 동작 하나하나에 느낌이 담겨 있음을 알게 될 것입니다.

오랜 시간 카이로의 빈민가에서 봉사하여 '카이로의 넝마주이'라 불리며 프랑스인들의 사랑과 존경을 받은 에마뉘엘 수녀님은, 자신에게 솔직해지는 일이야말로 참된 삶을 사는 자세라는 의미로 "우리 안에 있는 음악에 귀를 기울이는 것"을 강조하셨습니다.

우리 안에는 어떤 음악이 있을까요? 그 악보에는 어떤 노래가 담겨 있기에 우리 안의 음악에 귀를 기울이라고 하셨을까요? 저는 우리 안에 있는 음악을 '느낌'이라고 생각합니다. 어떤 생각이 떠오르거나 어떤 말을 듣거나 행동을 보았을 때, 내 몸에 어떠한 움직임이 일어나는가를 살펴봅니다. 그리고 그 움직임에 이름을 붙여 보세요. '날아갈 듯한, 찌릿찌릿한, 두근거리는, 벅찬, 띵한, 막힌, 열이 나는, 답답한, 쓰라린, 뻣뻣한, 시큰거리는' 등 다양한 이름을 붙일 수 있습니다. 이번에는 몸이 움직임을 느낄 때 마음은 어떠한지 그것에 이름을 붙여 보세요. '답답한, 초조한, 언짢은, 불편한, 가슴 아픈, 푸근한, 정겨운, 담담한, 고요한, 상쾌한, 신나는' 등 여러 가지 느낌 말들이 있습니다.

가느다란 줄이 울리는 것 같은 느낌이 있는가 하면, 북이나 징 소리처럼 강력한 느낌도 있습니다. 약간 불편하지만 참을 수 있는 정도가 있는가 하면, 고함을 지르고 싶을 정도로 격렬한 느낌도 있습니다. 즐겁고, 화가 나고, 슬프고, 무섭고, 아프고, 역겹고, 기쁜 느낌처럼 커다란 강도로 다가오는 느낌은 쉽게 알아차릴 수 있습니다. 하지만 아주 여리게, 또 작게 일어났다가 사그라지는 느낌은 놓치기 쉽습니다. 이런 느낌들을 알아차리면 감정 변화를 더 잘 파악할 수 있습니다. 다음은 자기 느낌을 알아채지 못했던 학생의 하소연입니다.

친구 은지를 제가 다니는 교회로 데려왔어요. 그런데 은지가 내가 아는 오빠와 사귄다는 말을 전해 들었어요. 너무 화가 나서 몸이 부들부들 떨렸어요. '나 몰래 둘이 사귀다니, 그럴 수가 있어?' 하고 생각했지만 두 사람이 사귀는 것에 왜 그렇게 화가 나는지 몰랐어요. 얼마나 분한지 교회를 다니고 싶지 않을 정도였어요. 그런 제 마음을 자세히 들여다보니 제가 오래전부터 그 오빠를 좋아하고 있었어요. 그런 제 마음을 모르고 있었던 거예요. 왜 그렇게 제 느낌을 모르고 살았을까요? (16세 여학생)

우리가 내 마음을 들여다보지 않으면, 내 느낌을 알아채지 못하고 지나치게 됩니다. 그래서 자신의 감정을 제때 돌보지 않아 뒤늦은 후회를 하기도 합니다. 다음은 여러 가지 느낌을 웃음으로만 나타냈던 학생이 들려준 이야기입니다.

저는 어렸을 때부터 웃는 얼굴이 예쁘다는 칭찬을 많이 들었어요. 그래서인지 잘 웃었어요. 그런데 요새 그렇게 웃는 것이 고민이 돼요. 그게 왜 고민거리냐고 하겠지만, 저는 제가 기쁘지도 않은데 왜 웃는지 알 수 없기 때문이에요. 화가 나도, 슬퍼도, 짜증이 나도 얼굴은 웃고 있거든요. 얼마 전에 친구가 과제를 도와달라고 해서 점심도 거르고 도와줬어요. 그런데 과제를 완성한 뒤 친구가 "네 것은 잘 됐는데 내 것은 별로다."라고 하는 거예요. 그 말을 듣자 무척 속상했어요. 그 일이 있고 나서 그 자리에 같이 있었던 다른 친구에게, 그때 무척 서운했다고 말했더니 친구가 "너 그 말 듣고서도 웃고 있었어. 속상한데 웃고 있으면 어떡하니?" 하고 말하는 거예요. 그 말을 들으니 제 얼굴에 웃음이라는 가면이 씌워져 있는 것 같아서 무서웠어요. (14세 여학생)

우리 몸과 마음은 늘 다른 소리를 내고 있습니다. 맛있는 음식을 먹을 때, 시험을 치기 전과 시험이 끝난 후에, 친구가 청소를 도와줄 때 여러 상황에 따라 느낌이 달라집니다. 항상 웃는 얼굴이 고민이었던 학생 역시 다양한 느낌을 느끼지 못하는 것은 아니었지만, 그 느낌을 그대로 표현하지 못했던 것입니다. 이렇게 느낌을 표현하지 못하는 일이 반복되면 내 마음을 모르게 되어 다른 사람과의 관계에 어려움을 겪기도 합니다. 지금 우리 안에서 어떤 음악이 울려 퍼지나 귀를 기울여 보고, 그 느낌을 말로, 표정으로, 몸짓으로 나타내 보시기를 바랍니다.

느낌은 마음의 안내자입니다

느낌은 우리에게 신호를 보내서 생명을 이어 가게 하는 안내자입니다. 예를 들어 원시 시대의 생활로 돌아가 볼까요? 사람들이 먹을 것을 구하기 위해 동굴 밖으로 나와 이곳저곳을 어슬렁거리고 있는데 갑자기 어디선가 "쿵!" 하는 소리가 들렸다고 생각해 봅시다. 그 소리를 듣고 사람들은 깜짝 놀랐을 것입니다. 그리고 느낌에 따라 각자 다르게 행동했을 테지요.

먼저 그 소리가 두려운 사람은 재빨리 동굴로 몸을 피했을 것입니다. '무슨 소리지?' 하고 호기심을 느낀 사람은 소리가 나는 쪽으로 가 봤겠지요. 이렇게 두려움은 위험이나 곤란으로부터 우리를 지켜 주었고, 호기심은 위험이나 곤란을 무릅쓰고 도전하게 해 문명을 이루어 왔습니다.

가족을 위해 먹거리를 구하려고 동굴 밖으로 나갔다면 그것은 사랑 때문이었을 것입니다. 열매가 눈에 띄면 먹어 보고, 먹을 만하면 열매를 따고, 맛이 역겨우면 퉤퉤 뱉었겠지요. 이렇듯 역겨움 또한 생존을 가능하게 했습니다. 먹을 것을 구한 날은 행복했을 것이고 구하지 못한 날은 슬펐을 것입니다. 이처럼 느낌은 우리가 삶을 유지할 수 있도록 이끌어 준 안내자였습니다. 우리가 일상에서 느끼는 여러 느낌을 노래한 시를 함께 읽어 볼까요?

여인숙

잘랄 아드딘 루미

인생은 여인숙
날마다 새 손님을 맞는다

기쁨, 낙심, 무료함
찰나에 있다가 사라지는 깨달음들이
예약도 없이 찾아온다

그들 모두를 환영하고 잘 대접하라
그들이 비록 네 집을 거칠게 휩쓸어
방안에 아무것도 남겨두지 않는
슬픔의 무리라 해도, 조용히
정중하게, 그들 각자를 손님으로 모셔라
그가 너를 말끔히 닦아
새 빛을 받아들이게 할 것이다

어두운 생각, 수치와 악의가
찾아오거든 문간에서 웃으며
맞아들여라

누가 오든지 고맙게 여겨라
그들 모두 저 너머에서 보내어진
안내원들이니

집을 거칠게 휩쓸어 방안의 가구를 몽땅 내다 버린 것처럼 크나큰 슬픔이나 절망, 분노, 부끄러움, 후회를 느껴 본 적이 있나요? 시인은 이 모두를 웃으며 맞이하고, 감사하게 여기라고 합니다. 그것들이 새로운 기쁨을 주기 위해 우리를 청소하는 것인지도 모르니까요.

여러분이 알고 있는 느낌 말은 무엇인가요? 그 느낌 말을 다음 두 가지로 나눠 봅시다.

필요로 하는 것이 채워졌을 때	필요로 하는 것이 채워지지 않았을 때
행복한, 개운한, 상쾌한	피곤한, 언짢은, 성가신

사람들은 왼쪽에 있는 느낌 말을 긍정적인 느낌, 오른쪽에 있는 느낌 말을 부정적인 느낌이라고 말합니다. 하지만 사실 느낌에는 긍정적인 것도 부정적인 것도 없습니다. 오직 우리가 원하는 것을 충족했거나 충족하지 못했다는 신호일 뿐입니다.

모든 느낌이 소중합니다. 특히 오른쪽 표에 있는 느낌, 필요로 하는 것이 채워지지 않았을 때 오는 신호를 예민하게 알아채고 귀한 손님으로 맞이하기를 바랍니다. 그것은 몸과 마음이 보내는 SOS, 즉 자신을 돌보라는 신호입니다. 그 신호에 무관심하면 몸이 무거워지고 힘도 빠집니다. 그런 일이 계속되면 몸과 마음은 서로 멀어져서 '내 마음 나도 몰라.' 하는 상태가 되기 쉽습니다. 우리는 어떤 상황과 마주칠 때 '어느 날 갑자기'라고 표현하기도 하는데, 바로 그런 경우입니다. "어느 날 갑자기 친구가 헤어지자고 했어요.", "어느 날 갑자기 몸이 아파요.", "어느 날 갑자기 누가 미워졌어요."라고 말하게 되는 일들이지요.

느낌이 보내는 신호에 따라 필요로 하는 것을 채우면 힘이 나고 마음이 편해집니다. 나를 사랑하는 방법의 하나가 내 몸과 마음이 보내는 신호를 정확하게 알아채는 것입니다. 그 신호가 오는 순간 얼른 알아주세요. 내 안에 어떤 음악이 흐르고 있는지 귀를 기울여 알아차리고, 그 악보를 해석해 보시기를 바랍니다. 다음은 몸과 마음이 보내는 신호를 돌보지 않다가 힘들어했던 학생의 이야기입니다.

저는 2년 넘게 사귄 여자 친구와 헤어졌어요. 헤어졌지만 친구로 지내기로 했고, 제 마음도 괜찮다고 생각했어요. 얼마 뒤 헤어진 여자 친구에게 다른 남자 친구가 생겼어요. 그런데 그 남자 친구가 다른 친구에게 "경아가 그러는데, 예전 남자 친구가 속이 너무 좁아서 피곤했다고 하더라."라고 했다는 거예요. 저는 그 말을 듣고, 소화가 안 되고 숨도 가빠지는 등 여러 가지 증상을 느꼈지만 애써 "예전 여자 친구와의 문제 때문이 아니야." 하고 부인했어요. 그러던 어느 날 더 이상 참지 못하고 친구에게 "경아랑 걔 남자 친구를 생각하면 억울하고, 분하고, 기가 막히고, 울화통이 치밀고, 욕이 마구 쏟아져 나와." 하고 속에 있는 말을 꺼냈어요. 어떤 때는 자다가도 분해서 잠을 깰 정도였거든요.

이 학생은 '뒤에서 이런저런 말을 하는 것은 치사한 일이야.', '화를 내는 것은 어리석어.', '다른 사람들이 어떻게 보겠어?' 하는 생각에 자신의 느낌을 꾹꾹 눌러 왔지만, 전해 들은 그 한마디 말 때문에 온갖 느낌들이 튀어나오는 경험을 하고 말았습니다. 다음은 이 남학생이 그런 느낌을 스스로 알아준 이야기입니다.

선생님께서 일러 주신 대로 머리에 떠오르는 온갖 생각을 공책에 써 내려갔어요. 욕을 하다가, 미안해하다가, 원망하다가, 다시 욕을 퍼붓다가, 얼마나 썼는지 몰라요. 내 안에 그렇게 많은 말이 있었는지 몰랐어요. 또 얼마나 많은 느낌이 일어났다 사라졌다 다시 솟구쳤다 가라앉았다 하는지 정말 놀랐고요. 화나고, 서운하고, 슬프고, 안타깝고, 후회스럽고, 실망스럽고, 야속하고, 억울하고, 분하고, 비참하고, 서글프고, 외로웠어요. 이런 느낌을 느끼는 저 자신이 못마땅했어요. 그런데 그 느낌들이 사실은 사랑받고, 관심받고, 이해받고, 공감받고 싶은 마음이라는 것을 알게 되자 한없이 눈물이 났어요. 그렇게 많이 울어 본 적이 없는 것 같아요. 크게 소리 내어 얼마나 울었는지 몰라요. 울고 나자 안에 있던 것들이 큰 물결에 휩쓸려 간 듯 개운해졌어요. 한때는 내가 왜 개를 만났는지 후회도 했지만 요즘에는 담담해요. 저번에 복도에서 예전 여자 친구를 봤는데, 마음이 편안했어요. 느낌을 다 쏟아 내고 났더니 앙금이 남지 않았나 봐요. 상처는 억눌린 느낌을 쏟아 내지 않고 갖고 있을 때 생긴다는 것을 알았어요. (18세 남학생)

삶을 평화롭게 만드는 보물은 내 안에 있습니다. 내 몸과 마음이 보내는 신호가 바로 보물을 찾을 수 있는 지도입니다. 이렇게 몸과 마음이 보내는 신호를 따라 걷다 보면, 삶을 더욱 행복하게 해 주는 보물을 발견할 수 있습니다.

느낌은 노래 곡조처럼 다양하게 변화합니다. 잔잔한 물결처럼 번지다가 거센 파도처럼 높아졌다가 다시 잔잔한 물결로 누그러집니다. 그런가 하면 소나기처럼 퍼붓다가 사라져 버리기도 합니다. 피곤해서 생긴 짜증도 쉬고 나면 개운하고 상쾌해지고, 걱정과 불안도 사실을 확인하고 나면 안심이 되어 홀가분해집니다.

예를 들어, 교실에서 선생님의 설명을 듣고 있는 학생들의 느낌을 떠올려 볼까요? 몸과 마음의 상태, 선생님과의 관계, 수업 내용에 대한 이해, 흥미, 전 시간에 일어난 사건 등에 따라 각자 다를 것입니다. 어떤 학생은 흥미를 느끼지만 어떤 학생은 지루해하고 어떤 학생은 조마조마할 수도 있습니다. 그런가 하면 시간이 흐르면서 흥미가 피곤함이나 지루함으로 바뀌기도 하고, 지루했던 느낌이 흥미로 바뀌기도 합니다. 느낌은 왜 이렇게 변할까요?

몸 상태, 마음 상태에 따라 느낌은 달라집니다. 배가 고프면 힘이 없고 짜증이 나지만, 먹고 나면 느긋하고 힘이 나지요. 또 생각에 따라서도 느낌이 달라집니다. 예를 들어 누군가로부터 "방이 이게 뭐냐. 좀 치우고 살아라."라는 말을 들으면 어떨 것 같나요? 그 말을 듣고 어떤 생각이 떠오르느냐에 따라 느낌이 달라집니다. '또 잔소리야.' 하는 생각이 들면 짜증이 나고 서운하고 창피하고 화가 납니다. '난 왜 이렇게 정리를 못 할까?' 하는 생각이 들면 무기력해지고 우울해질 수도 있습니다. 그런가 하면 '혼나면 어떡하지?'라는 생각이 들면 겁이 나고 불안하고, '그렇게 말할 만하네.'라는 생각이 들면 담담할 수도 있습니다.

편안하고 고요하고 즐겁고 신이 날 때는 그대로 행복합니다. 그러나 몸과 마음이 불편할 때, 누군가가 힘든 내 마음을 알아주기를 바라는 순간이 있습니다. 바로 그런 순간에는 '지금 내가 어떤 생각을 하고 있나?' 살펴봅니다.

친구랑 조조 영화를 보러 갔어요. 친구가 약속 시간보다 10분 늦어서 시간이 아슬아슬했어요. 서둘러 갔으면 했는데, 친구는 마냥 천천히 걷는 거예요. 그래서 "빨리 가자."라고 했더니 "왜 그렇게 서둘러? 아직 시간 남았는데."라고 해서 속으로 화가 났어요. 저는 제 시간에 맞춰 가서 예고편도 보고 싶었거든요. 그래도 그때까지는 참았어요. 영화를 보고 나와서 밥을 먹으면서 영화 이야기를 나눌 때 저는 남자 주인공이 여자 주인공을 웃기려고 추는 춤 동작이 재미있어서 "그 장면에서 그 남자 주인공이 추는 춤 정말 웃겼어."라고 말했더니 글쎄 이러는 거예요. "야, 그게 뭐가 웃겨. 너무 유치하더라." 그래서 더 이상 참지 못하고 이렇게 말했어요. "넌 왜 그렇게 내 말에 반대만 하냐?" 그러자 친구는 "내가 언제 네 말에 반대했어?"라고 말했어요. 친구는 자신이 무슨 말을 했는지도 그 말을 듣는 제가 어떤 기분일지도 전혀 생각을 못하는 듯했어요. 그러니 걔하고 더 말을 하고 싶겠어요? (16세 여학생)

이렇듯 같은 시간, 같은 장소에 있어도 나와 상대방은 자기가 맡은 역할이나 몸 상태, 심리적 상태, 관점에 따라 생각이 다릅니다. 그에 따라 느낌도 다릅니다. 그래서 내 생각을 기준으로 다른 사람의 행동이나 느낌을 "왜 그렇게 서두르냐?", "그게 뭐가 웃겨?" 등으로 판단하거나 부인하면 상대는 서운하거나 화가 나게 됩니다. 이런 일들이 쌓이면 몸은 옆에 있지만 마음은 아주 먼 곳에 가 있는 관계가 될 수 있지요.

"빨리 가자."라고 했을 때 어떤 필요 때문에 그렇게 서두르는지, 친구 마음을 알아주어 "빨리 가고 싶구나."라고 말했다면 어땠을까요? 그리고 "나 방금 밥 먹고 나와서 천천히 걸었으면 해. 배가 아프거든." 하고 그 이유를 알려주었다면 어땠을까요? "그 남자 주인공이 추는 춤 정말 웃겼어."라고 친구가 말했을 때 "그래? 너는 재밌었구나!"라고 친구의 마음을 알아주고, '난 유치하다고 생각했는데, 서로가 다르구나!' 하고 자기 마음을 알아주었다면 대화는 어떻게 이어졌을까요?

내 마음이 어떤 느낌에 휩싸일 때, 어떤 생각이 그런 느낌을 만들어 내는지를 들여다보세요. 그러면 속상하고 화가 나는 마음에 성냥을 그을지, 소방관이 되어 시원한 물줄기를 뿜을지를 알게 됩니다.

이렇게 내 몸과 마음을 알아주다 보면 다른 사람의 것도 알아주고 싶은 마음이 일어납니다. 나를 보살피고 사랑하는 마음이 커져서 옆에 있는 사람에게로 번져 가는 것이지요. 옆에 있는 사람의 몸이 어떤지 마음이 어떤지를 알아주는 것, 그것이 사랑이고 친절이랍니다. 다음은 친구의 사랑을 느낀 학생이 들려준 이야기입니다.

학교에서 있었던 일로 집에 들어가기가 두려웠어요. 부모님이 아시면 꾸짖고 야단칠 게 뻔했거든요. 그런 일이 일어나면 부모님은 잘잘못을 따져 가며 이런저런 말씀을 하시고, 저는 속이 상해서 한두 마디 말대답을 하게 되는데, 그러면 다시 그 태도에 관해 야단치시는 일이 반복되니까요. 밤이 되어 잘 곳을 찾다가 건물 계단에서 잠을 잤어요. 교복을 입은 채 잤는데 너무 추워서 깼어요. 그때가 새벽 두 시경이었어요. 거기서 더는 잘 수가 없어서 친구에게 전화했어요. "계단에서 자는데 너무 춥다."라고 했더니 친구가 곧바로 달려왔어요. "자다가 일어나서 오느라 힘들었지? 고마워."하고 마음을 전했더니 친구는 "네가 춥다는데 잠이 오겠냐? 얼른 가서 따뜻한 이불

속에서 자자."라고 해서 울컥했어요. 서글프고 비참했던 마음이 사랑과 감사로 따뜻해졌어요. (17세 남학생)

내 느낌이 일어나는 것을 순간순간 알아차릴 수 있다면 상대의 느낌에도 민감해지고 그 느낌을 있는 그대로 받아들일 수 있습니다. 상대방이 어떤 느낌인지를 서로 알게 되면 삶에서 신기한 일들이 일어납니다. 귀로 듣는 것도 중요하지만 온몸에서 나타나는 느낌을 마음으로 아는 것 역시 관계에 도움이 됩니다. 어쩌면 귀로 듣는 말보다 마음으로 듣는 말이 더 정확할 수도 있습니다.

말을 해야 알 수 있어요

마음을 말해요

어느 엄마와 아이의 일상이 담긴 동시를 함께 읽어 볼까요?

군것질

부산 동백초 5학년 한경민

엄마가 밥 먹고
공부하라고 한다.
나는 군것질을 하러 가다가 걸렸다.
"공부하랬는데 어디 갔었노?"
나는 군것질하러 갔다고
당당히 말했다.

나만의 시간도 좀 있는 거지

엄마의 말만 따를 순 없다.

이 시를 읽으면 웃음이 절로 나옵니다. "공부하랬는데 어디 갔었노?" 라는 엄마 말을 들으면 몸이 움츠러들거나 짜증이 나거나 화가 날 수 있는데, 이 학생은 "군것질하러 갔다."라고 당당하게 말했습니다. 자기 표현을 한 것이지요.

부모님이나 선생님께서는 여러분에게 이런저런 말씀들을 하십니다. "숙제했니?", "밥 먹었니?", "그건 하지 말아라.", "이걸 해라." 등등 어른들이 하는 말씀에는 여러분을 잘 이끌고 싶다는 의도가 담겨 있습니다. 하지만 그분들은 여러분이 표현하지 않으면 여러분이 어떤 상황인지, 몸 상태가 어떠한지 마음은 또 어떤지 알지 못합니다.

몸이 피곤하거나 다른 할 일이 있거나 마음이 괴로운데 어른들이 무언가를 하라고 하면 어떤가요? 말없이 그 요구에 따르거나 혹은 화를 내며 저항하기 쉽습니다. 그래서 그런 말을 들으면 내 상황이나 처지 그리고 원하는 것을 말하는 것이 중요합니다. 당당하게, 그러나 부드럽게 "지금 내가 어떤 상태이고 무엇이 필요하다."라고 말로 표현합니다. 다음 대화를 한번 볼까요?

선생님: 머리 염색하라고 했는데, 이게 뭐야?

학생: 한 건데요.

선생님: 이게 한 거니?

학생: 아, 짜증 나!

한 학생이 머리를 물들여서 선생님께 지적받았고 다시 검은색으로 염색하라는 요구를 받았습니다. 학생은 다시 염색했지만 선생님이 보기에는 제대로 되지 않아서 "머리 염색하라고 했는데, 이게 뭐야?"라고 화를 냈습니다. 그 말을 들은 학생은 화가 났을 것입니다. 그래서 목소리를 높여 "한 건데요."라고 말합니다. 그 목소리에는 짜증이 담겨 있습니다. 이 말을 들은 선생님은 느낌이 어땠을까요? 선생님은 이 학생이 반항하고 있다고 생각해서 화가 날 수 있습니다. 대화 중 어느 한 사람이 화가 나면 대화가 지속되기 힘들어집니다. 그렇다면 이런 상황에서 어떻게 말하는 것이 효과적일까요?

선생님: 머리 염색하라고 했는데, 이게 뭐야?

학생: 염색을 했는데도 이래서 고민했어요.

이렇게 사실 그대로 말하면 선생님도 그에 따라 반응할 것입니다. 또 다른 갈등 상황을 살펴봅시다.

엄마: 공부 좀 해라.

아들: 하고 있어요!

엄마: 어디서 엄마한테 고함치냐?

아들: 엄마가 계속 의심하고 그러잖아요. 공부하는데!

엄마: 니가 평소에 열심히 했어야 말이지!

아들: 지금은 하고 있다고요. 좀 나가요!

엄마: 딴짓하지 말고 공부해라! 니 나이 때는 공부가 전부야!

아들: 알았다고요!

부산교육청 〈공감 대화 자료집〉에서

엄마는 지금 공부하고 있는 아들을 보지 않고 엄마의 기억 속에서 공부하지 않는 아들을 대상으로 말하고 있습니다. 습관적으로 "공부해라."라고 말씀하고 계신 거지요. 아들은 "알았다고요."라고 대답하지만 공부에 쉽게 집중하기가 어렵습니다. 짜증이 화로 치솟았으니 그 마음이 고요해지려면 시간이 걸리기 때문입니다. 엄마에게도 아들에게도 이롭지 않은 대화입니다.

아들은 공부하라는 말을 하도 많이 들어서 "하고 있어요."라고 차분하게 말하기 어려웠을 것입니다. 감정은 쉽게 전염돼서 내 말에 짜증이 배어 있으면 상대도 짜증으로 대응하기 쉽습니다. 감정에 휩싸이면 대화가 힘들어집니다. 그래서 감정이 격해지면 가라앉힌 다음에 말하는 것이 좋습니다. 상대방의 감정이 높게 파도를 치면 내 말을 멈추고 들어줍니다. 이런 경우에 엄마와 어떻게 대화하는 것이 효과적일까요?

엄마: 공부 좀 해라.

아들: (차분한 목소리로) 엄마, 저 지금 공부하고 있어요.

엄마: 딴짓하지 말고 공부해라! 니 나이 때는 공부가 전부야!

아들: 알고 있어요. 엄마, 제가 공부하고 있을 때는 집중할 수 있도록 가만히 지켜봐 주셨으면 해요.

엄마: 니가 평소에 열심히 했어야 말이지!

아들: 엄마, 노는 시간보다 공부하는 시간이 더 많아요. 공부하고 있는 제 모습도 기억해 주세요.

이렇게 엄마에게 차분하게 말한다면 대화가 달라질 것입니다. 이번에는 다른 학생의 글을 읽어 봅시다.

아침부터 저녁까지 종일 바빠요. 학교에서 학원으로, 또 과외로 쉴 틈이 없거든요. 어느 날 숙제가 많아 짜증이 났는데 동생이 소리를 크게 해 놓고 게임을 했어요. 소리를 좀 줄여 달라고 했더니 "줄였다."라고 하는데도 계속 크게 들렸어요. 그래서 다시 줄여 달라고 했더니 "됐거든." 하는 거예요. 화가 나서 말싸움을 했는데 잠시 뒤에 제 방으로 강아지가 뛰어 들어왔어요. 동생이 발로 차고 때려서 제 방으로 도망 온 거예요. 그것을 보자 화가 나서 소리를 질렀지만 속으로 뜨끔했어요. 집에서 가장 약한 사람이 애완견을 괴롭힌다는 말을 들은 적이 있거든요. 사람들은 강한 사람에게는 화를 내지 못하고 자기보다 약한 사람이나 동물에게 화를 낸대요.

생각해 보니 처음에 동생한테 소리를 줄여 달라고 할 때부터 짜증 난 목소리로 말했더라고요. 제가 동생한테, 또 동생이 강아지한테 화를 풀고 있었어요. 제 마음을 보니 조급하고, 불안하고, 짜증 나고, 화가 나는 때가 많아요. 그 이유는 공부에 쫓기고 있기 때문이라는 것을 알았어요. 그래서 용기 내서 부모님께 제 의견을 말씀드리려고 해요. "학원이랑 과외를 줄이고 편안하고 한가로운 제 시간을 갖고 싶어요."라고요. (17세 남학생)

이 학생은 자신이 어떤 상태인지를 알아차렸습니다. 공부에 쫓기다 보니 피곤하고 화가 날 때가 많아져서 동생에게 말할 때도 화의 기운이 묻어났다는 사실을 깨달은 것이지요. 그래서 부모님께 자기 마음을 말하겠다고 했습니다. 결과에 상관없이 말을 하고 나면 가슴에 얹혀 있는 돌을 하나 내려놓은 것처럼 마음이 가벼워집니다. 이렇게 말이나 글로 자신을 표현해야 상대가 그 마음을 알 수 있습니다. 말하지 않으면 아무도 모릅니다. 심지어 나도 내 마음을 모를 때가 있으니까요. 말을 하게 되면 막연했던 것이 분명해집니다. 분명해지면 대화가 가능합니다. 참거나 억누르면 엉뚱한 데서 극단적인 표현으로 튀어나오게 됩니다. 평소에 마음을 잘 살펴보고, 그 마음을 말이나 글로 드러내는 연습을 계속해 보기를 바랍니다.

버스를 타고 내리는데 뒤편 길거리에 쓰러져 있는 사람이 보였어요. 어떤 아저씨가 술에 취한 채 잠들어 있었어요. '어떻게 할까?', '못 본 척 지나갈까?', '가서 흔들어 깨워 볼까?' 이 생각 저 생각에 어찌할 바를 모르다가, 아저씨가 추위에 어떻게 될지 모른다는 생각이 들어서 112에 전화를 걸어서 상황을 말했어요. 곧바로 출동하겠다는 대답을 듣고 그제야 마음이 놓였어요. 저는 혼란스러운 때일수록 한 가지를 선택해서 행동으로 옮기면 마음이 편안해진다는 것을 그날 경험으로 알았어요. (15세 여학생)

이렇게 나의 한마디가 누군가의 생명을 구할 수도 있습니다. '구슬이 서 말이라도 꿰어야 보배'라는 속담처럼, 내 안에 있는 말을 아름다운 보배로 엮어 내기를 바랍니다. 가슴이 답답할 때, 마음이 혼란스러울 때 내 마음을 가만히 들여다보고, 원하는 것을 찾아 말이나 행동으로 옮겨 보세요. 몸이 날아갈 듯하고 마음은 개운해지는 느낌을 맛볼 수 있을 것입니다.

말을 들어 주시겠어요?

학생들에게 원하는 것을 부모님이나 선생님께 말하라고 했더니 "말해도 소용없어요. 어른들은 우리 말을 듣지 않아요.", "말하면 괜히 야단

3-2

만 맞아요.", "한마디 했다가 열 마디, 백 마디를 들어요. 가만있는 게 나아요.", "가만히 듣고 있다가 조목조목 따지면 더 미쳐요."라는 대답이 돌아왔습니다. 말을 해야 어른들이 여러분의 마음을 알 수 있을 텐데, 어른들은 여러분이 하는 말에 귀를 기울이지 않고 오히려 화를 낸다니 어떻게 하면 좋을까요?

'우리 가족은 대화를 어떻게 나누고 있는가?'라는 제목으로 활동을 한 적이 있습니다. 가족이 나누는 대화를 녹음한 뒤 들어 보고 그 실태를 몇 가지 항목으로 나눈 뒤 소감을 적는 활동이었습니다. 활동 결과를 보니 부모님들이 자주 하시는 말씀은 "먹어라, 씻어라, 공부해라, 학원 가라, 숙제해라, 게임 그만해라." 등이었습니다. 주로 '~해라, ~하지 마라.'로 끝나는 말이지요. 부모님 말씀에 학생들은 "예, 알았어, 몰라." 등으로 짧게 대답하거나 침묵하고, 그것도 아니면 짜증을 냈습니다.

이런 상황에서 어떻게 마음을 표현하는 것이 좋을지 학생들과 함께 방법을 찾아보기로 했습니다. 학생들은 말을 하는 것도 중요하지만 언제, 어디서, 어떻게 말하느냐가 중요하다고 의견을 모았습니다. 모둠별로 '효과적인 의사소통을 위한 제안'을 만들어 발표했는데, 그중 호응이 컸던 것은 다음과 같습니다.

- 성적표나 용돈 인상 등 민감한 문제는 부모님 기분이 좋을 때 말을 꺼낸다.
- 나나 부모님이 몸이 피곤하거나 배가 고플 때, 급한 일이 있을 때는 대화를 삼간다. (화가 나거나 짜증이 나기 쉽기 때문이다.)

- 말은 짧고 간단하게! 두세 문장으로 요약해서 말한다. (말이 길어지면 전달하고자 하는 내용이 불분명해져서 듣는 사람이 오해하거나 짜증을 내기 쉽다.)
- 중요한 말은 "제가 한 말을 어떻게 들으셨어요?"라고 내 뜻이 제대로 전달됐는지 한 번 더 물어본다.
- 상대방이 하는 말을 내가 제대로 들었는지 확인하고 싶을 때는 "저는 이렇게 들었는데 말씀하신 뜻과 일치하나요?"라고 묻는다. (듣는 사람이 말한 사람의 의도와 다르게 해석하는 경우가 있기 때문이다.)
- 부모님께 제안할 때는 형제자매와 뜻을 모아 함께한다. (개인적인 것은 혼자 하지만 가족의 공동 안건에 대해서는 형제자매와 의논해서 제안한다. 부모님도 우리가 의견을 통일해서 제안하면 진지하게 받아들이신다.)
- 갈등 거리가 되는 성적이나 습관에 대해서 내 의견을 진지하게 말하고 부모님께 도움을 청한다. (그에 대해 나는 어떻게 하려고 하는지를 밝힌다. 그리고 부모님께 어떤 도움을 받기를 원하는지 구체적으로 말한다.)

친구들이 제안한 방식이 어떤가요? "어른들한테는 말해 봤자 소용없어요."라고 포기하기보다는 간절하게, 또 거듭해서 말해 보면 어른들도 여러분이 무엇을 바라는지 진지하게 듣고 이해하게 될 것입니다. 여러분도 집에서 한번 활용해 보세요.

마음을 알아주면 믿음이 생겨요

학생들에게 상대방의 마음을 알아주면 대화가 부드러워지고 친해질 수 있다고 말하면, "내 마음도 모르겠는데 어떻게 다른 사람 마음을 알 수 있나요?"라고 이야기합니다. 그렇지요. 마음을 안다는 것이 쉬운 일은 아닙니다. 하지만 관심을 기울이면 내 마음도 알아주고 상대 마음도 알아줄 수 있습니다. 어떻게 하면 마음을 알아줄 수 있는지 그 방법을 알아볼까요?

마음은 우리가 하는 말에, 행동에 들어 있습니다. 표정이나 동작, 목소리 높낮이와 빠르기에 마음이 드러납니다. 대화하는 자신의 목소리에 귀를 기울여 보시기 바랍니다. 높낮이나 빠르기를 들어 보면 내 마음을 알 수 있습니다. 그런 변화에 감정이 실려 있으니까요. 내 목소리가 상대방이나 상황에 따라 달라지는 것도 알아챌 수 있습니다.

또 다른 방법을 알아볼까요? 표정을 직접 볼 수는 없으니, 대신 얼굴 어디에 힘이 들어가 있나 빠져 있나를 의식해 보는 것입니다. 스스로 동영상을 찍고 있다고 상상하면서, 자신이 하는 동작 하나하나를 관찰하는 것이지요. 같은 방법으로 상대방의 표정, 동작, 목소리에서 그 사람의 마음을 찾아보세요. 이렇게 몸을 살피고 거기에 나타난 감정을 찾으면 내 마음을 알고, 상대 마음을 추측해 볼 수 있습니다. 엄마와 딸이 나누는 대화를 통해 두 사람이 어떤 마음인지 한번 들여다볼까요?

엄마: ○○야, 지금 몇 시야! 니 어디니?

딸: 아, 들어가고 있어요.

(삼십 분 뒤)

엄마: 야! 니는 삼십 분이 지나도 올 생각을 안 하노? 그라고 연락도 없고.

딸: 아, 잠깐만, 조금만 있다가 들어간다니까요.

엄마: 니 좀 전에는 들어오고 있다면서, 왜 거짓말하노? 어디고? 삼십 분 안에 안 오면 아빠한테 다 말한다이.

딸: 아 좀! 진짜 짜증 나게 하네. 집에 가는 길에 친구 만났거든? 좀 있다가 들어가면 안되능교?

엄마: 아, 마 됐다. 집에 들어오지 말고 니 알아서 살아라.

딸: 아 그만 끊으소, 열 받네.

부산교육청 〈공감 대화 자료집〉에서

엄마도 딸도 화가 나서 마음을 나누는 대화가 이루어지지 않았습니다. 화가 나면 입을 다무는 사람이 있는가 하면 내 말만 하는 사람도 있습니다. 대화 중 누구든 화가 나면 잠시 '멈춤 시간'을 가져 보세요. 화난 감정으로는 대화가 불가능합니다. 전화할 때도 화가 난다면 잠시 통화를 멈춰 보세요. "잠시 후에 다시 전화하겠다."라고 말하고 심호흡하고 열기를 가라앉힌 다음에 다시 전화할 것을 권합니다.

위 대화 속 엄마와 딸이 대화를 멈추고 서로의 마음을 알아보는 시간을 가진 뒤에 통화한다면 어떤 대화가 이어질까요? 먼저 어머니가 다르게 말하면 대화가 어떻게 달라질지 추측해 봅시다.

엄마: ○○야, 지금 몇 시야! 니 어디니?

딸: 아, 들어가고 있어요.

(삼십 분 뒤, 엄마는 딸의 늦은 귀가가 걱정되는 이유는 딸이 안전하기를 바라는 마음 때문이라는 것을 깨닫습니다. 그리고 딸의 입장을 추측해 보니 늦는 데에는 그 나름의 이유가 있으리라는 생각이 듭니다. 그래서 딸의 상황이 어떤지 알고 싶습니다.)

엄마: ○○야, 지금 열 시 삼십 분이다. 엄마 걱정된다. 무슨 일 있나?

나: 엄마, 미안. 중학교 친구들하고 오랜만에 만나서 이야기하느라 늦었어요.

엄마: 그랬나? 그런 일이 있으면 미리 연락 좀 줘라. 걱정된다.

나: 깜빡했네.

엄마: 친구랑 얘기가 아직 남았나?

나: 가고 있어요. 삼십 분 뒤에 정류장에 도착할 거라요.

이번에는 딸이 자기 상황을 알리고 엄마 마음을 알아주면 어떤 대화가 이어질지 생각해 볼까요?

엄마: ○○야, 지금 몇 시야! 니 어디니?

딸: 아, 들어가고 있어요. 버스 안!

(삼십 분 뒤)

엄마: 야! 니는 삼십 분이 지나도 올 생각을 안 하노? 그라고 연락도 없고.

딸: 엄마, 미안. 중학교 친구들하고 오랜만에 만나서 이야기하느라 좀 늦었어요.

엄마: 니 좀 전에는 들어오고 있다면서, 왜 거짓말하노? 어디고? 삼십 분 안에 안 오면 아빠한테 다 말한다이.

딸: 깜빡했네. 엄마, 많이 걱정했능교?

엄마: 그럼, 오고 있다고 해 놓고 연락도 없는데 걱정이 안 되나?

딸: 친구가 힘들대. 그래서 그러는데 엄마, 이십 분만 더 얘기 나누고 들어가고 싶어요.

엄마: 알았다. 열한 시 전에 출발해라.

딸: 엄마, 고맙습니더.

무엇이 필요한지 내 마음을 알고 나면 몸에 긴장이 풀리면서 마음이 누그러집니다. 그렇게 되면 상대방에 대해서 여유롭고 편안한 마음이 됩니다. 엄마는 딸이 안전한가 걱정하고 있다는 것을 알았고, 그 마음으로 딸에게 나름의 사정이 있으리라 추측했습니다. 딸은 자기 상황을 알렸고, 걱정하는 엄마의 마음을 알아주어 대화가 가능했습니다. 이번에는 친구와의 대화를 살펴볼까요?

민수: 재수 없어.

영호: 왜?

민수: 점심 먹은 지 얼마 안 됐는데, 복도에 떨어진 음식물을 담임이 나더러 치우라잖아.

영호: 왜 니가 치워?

민수: 주번이라고.

영호: 그럼 니가 치워야겠네.

민수: 그걸 왜 내가 치우냐고! 흘린 애를 찾아 걔한테 치우게 해야지.

영호: 야, 주번이 그런 일 하는 거잖아.

민수: …….

민수는 친구를 만나자 언짢았던 일에 대해서 말하기 시작했습니다. 하지만 친구는 민수 마음을 알아주지 않고 "야, 주번이 그런 일 하는 거잖아."라며 당연시하는 말을 합니다. 그 말을 듣는 민수의 마음은 어떨까요? '하긴 난 주번이지.' 하고 풀이 죽거나, '얘하고는 말이 안 통해.' 하는 생각에 입을 다물거나, 화가 나서 "네가 당해 봐. 그런 말이 나오나!"라고 반박할 수도 있습니다. 이번에는 친구가 민수의 마음을 알아주면 어떤 대화가 이어질지 살펴봅시다.

민수: 재수 없어.

영호: 왜?

민수: 점심 먹은 지 얼마 안 됐는데, 복도에 떨어진 음식물을 담임이 나더러 치우라잖아.

영호: 어휴, 짜증 났겠다.

민수: 그걸 왜 내가 치우냐고! 흘린 애를 찾아 걔한테 치우게 해야지.

영호: 자기가 한 일은 자기가 책임졌으면 하는 거지?

민수: 그럼, 그래야 다음에는 조심할 거 아냐. 주번이 그런 일까지 다 해야 하는 거 아니잖아.

영호: 주번이라 할 일도 많은데 그 일까지 하려니 속상했구나?

민수: 그래.

말하는 사람의 목소리가 점점 높아지거나 같은 말을 되풀이하면 공감받고 싶다는 신호입니다. 이럴 때는 그 사람의 말에 귀를 기울여 줍니다. 그 사람의 이야기에 귀를 기울인다는 것은 '그 사람이 하는 말을 그대로 존중한다.'라는 뜻입니다.

민수가 "재수 없어."라고 말을 시작했을 때, 영호는 민수가 짜증이 나 있으며 대화 도중에 점점 감정이 고조되고 있음을 알 수 있습니다. 영호는 민수가 어떤 느낌인지를 알고 그 마음을 알아주었습니다. 그러자 민수가 느끼는 억울함이 조금씩 풀려 갑니다.

이렇게 마음 알아주기는 내 마음이 불편할 때 필요합니다. 다른 사람이 하는 말이나 행동이 불쾌하게 느껴질 때 그에 대해서 곧바로 반응하면 말싸움으로 번지기 쉽습니다. 그때 우리가 하는 말들은 대부분 비난하는 말이기 때문입니다. 나한테서, 또 상대한테서 화난 기운이 느껴지면 즉각적으로 반응하지 말고 '멈춤.'이라고 속으로 혼잣말을 한 뒤 잠시 가만히 있어 보기를 권합니다. 내 마음에 그리고 상대 마음속에서 일렁이는 파동을 느껴 보세요. 거세게 출렁이는 파도에 몸을 던질 사람은 없습니다. 그럴 때는 내 마음을 먼저 알아주고, 상대방의 말을 들어줄 여유가 생기면 다 듣고 난 뒤 그에게서 잔잔한 물결이 느껴지면 이야기를 시작해 보세요. 그럴 여유가 없으면 "다음에 얘기하자." 하고 미루는 것이 낫습니다.

예를 들어, 나를 빼고 친구들끼리만 놀이공원에 놀러 간 사실을 알았을 때 "너희들 어떻게 그럴 수 있냐?"라며 화를 낼지, "왜 그랬는지 알고 싶어."라고 물어볼 것인지, 아니면 아무 말도 하지 않을 것인지를 선택하는 것입니다. 친구들과 함께하고 싶었기 때문에 그 사실을 알고 섭섭하고 야속하게 느꼈다면 어떻게 말하면 좋을까요? "나도 놀이공원에 가고 싶었어." 하고 마음을 전한다면 "너희들 어떻게 그럴 수 있냐?"라고 했을 때와는 친구들의 반응이 다를 것입니다.

어떤 상황에 부딪힐 때 화가 나서 참기 어려운 때도 있습니다. 그래서 "너 때문이야!" 하고 외치게 되기도 합니다. 겉으로 드러난 화 밑에는 서운함, 실망감, 외로움, 슬픔 등이 자리 잡고 있습니다. 상대방이 미안하다고 사과해도 내 마음 밑바닥에 있는 느낌을 알아주지 않으면 화가 풀리질 않습니다. 그럴 때는 이런 말이 나오기 쉽지요. "미안하다면 다냐?" 하고요. 그러면 상대는 이렇게 말할 수 있어요. "아니, 사과하는 데도 그러면 나더러 어쩌라고?" 이런 말을 들으면 응어리는 남아 있는데 뭐라고 해야 할지 말문이 막힙니다. 내 마음이 어떤지 들여다볼 틈도 없이 습관적으로 말을 내뱉을 때는 상대가 하는 말도 들어 줄 겨를이 없을뿐더러 내 멋대로 해석하기 때문에 점점 갈등이 커집니다. 친한 사이에서 이런 일이 더 쉽게 일어나기도 하지요. 그런가 하면 친구의 마음을 알아주는 경우도 있습니다. 다음 사례를 같이 읽어 볼까요?

친구들과 얘기하다가 제가 수빈이에 대해서 "걘 남자애들 앞에서는 태도가 달라져. 이중적이야."라는 말을 했어요. 그 말을 들은 친구가 다른 친구에게 말을 전했고 그 내용이 카톡에까지 올라와서 반 아이들 여러 명이 알게 되었어요. 그 말이 그렇게까지 여러 사람 입에 오르내리리라고는 생각도 못 했던 터라 놀라고 당황했어요.

그런 말을 한 것이 후회스러웠고 말을 전한 친구가 원망스러웠어요. 수빈이에게 너무 미안해서 말을 걸 수가 없었어요. 수빈이가 분명 알았을 텐데 아무 말이 없더라고요. 수빈이를 보면 조마조마하고 거북해서 부딪히는 것을 피했어요. 그러다 더 이상 그렇게 지낼 수 없어서 용기를 내 수빈이에게 "내가 너에 대해 한 말이 카톡에서 오르내린 것 알고 있어?"라고 물어봤어요. 수빈이는 알고 있다고 했어요. 얼마나 겸연쩍고 부끄러운지 "정말 미안해." 하고 사과했어요. 수빈이는 "별 생각 없이 한 말인데 예상치 못한 결과라 힘들었지? 나도 그런 적이 있어. 그때 얼마나 곤혹스럽고 난처했는지 몰라. 그래서 네 마음을 잘 알아."라고 말해 줬어요. (16세 여학생)

위 사례에서, 말을 한 학생이 용기 내어 자신이 얼마나 미안함을 느끼고 있는지 표현하지 않았다면 어땠을까요? 혹은 사과하는데도 친구가 그 마음을 받아 주지 않았다면 어땠을까요? 서로 마음을 알아주었기에 두 사람은 화해할 수 있었습니다. 돌처럼 굳은 마음도 얼음장처럼 차가운 마음도 모두 아픈 마음입니다. 관심을 갖고 그 마음을 다독여 주면 몸과 마음이 그 기운을 느낍니다. 훈훈함과 푸근함이 마음에 맺혀 있는 아픔을 말랑말랑하게 만들어 물처럼 흘러내리게 해 줍니다. 다음 학생의 이야기를 읽어 봅시다.

수능 시험 결과가 나온 날 교실 안은 실망, 절망, 불안, 두려움, 분노, 슬픔, 우울, 억울함으로 긴장된 분위기였어요. 평소 같으면 그냥 지나칠 일로 싸우는 아이들도 있었어요. 예상보다 낮은 성적표를 보고 부모님께서 보이실 반응을 생각하니 참담했어요. 그리고 내가 받은 성적으로 갈 학교가 없는 듯해서 막막하고 암담했어요. 핸드폰을 꺼 놓고 무작정 걸었어요. 머릿속이 복잡한 것 같기도 하고, 텅 비어 있는 것 같기도 했어요. 몇 시간을 어떻게 걸었는지 몰라요. 집으로 가는 방향으로 걷다가 피곤해서 버스 정류장 의자에 앉았어요. 그때 누군가 저를 툭 치길래 봤더니 동네 형이더라고요. 형은 나를 보더니 "야, 뜨끈뜨끈한 단팥죽 먹을래? 내가 사 줄게."라고 하면서 저를 잡아끌었어요. 가게에 있는 텔레비전에서 수능 뉴스가 나오자 형이 "아주머니, 소리 좀 줄여 주시겠어요?" 하고 말했어요. 형이 어떤 의도에서 그런 말을 하는지 알 수 있었어요. 갑자기 눈물이 흘렀어요. 형은 말없이 손수건을 건네주었어요. (19세 남학생)

이렇게 누군가 아픈 내 마음을 알아줄 때, 혹은 내 잘못이나 실수를 알고서도 모르는 척 넘어가 줄 때 우리 마음에는 따뜻한 감동의 물결이 흘러넘칩니다. 그래서 나를 믿고, 다른 사람을 믿고, 또 세상을 믿게 됩니다.

상처를 주고받는 말을 알아차려요

도덕적으로 판단하는 말

〈프린스 앤 프린세스〉라는 애니메이션이 있습니다. 그 영화에는 사람들이 '마녀'라고 부르는 인물이 등장합니다. 마녀는 외딴 성에 살고 있는데, 왕이 누구든 마녀의 성에 들어가면 공주와 결혼시키겠다고 합니다. 그러자 여러 지원자가 마녀의 성을 공격합니다.

앞사람이 실패하면 뒷사람은 더 강력한 무기를 동원합니다. 마녀 역시 가만히 당하고 있지 않습니다. 사람들이 쏘는 대포를 마녀는 그들에게 되돌려 줍니다. 무력으로 들어가려는 시도가 실패를 거듭하자 더 이상 지원자가 나타나지 않았습니다. 그때 이제껏 가만히 지켜보고 있던 한 소년이 나섭니다. 온갖 무기와 병사를 동원했던 다른 지원자들과 달리, 소년은 허리춤에 차고 있던 작은 칼마저 내려놓고 맨몸으로 마녀의 성에 다가갑니다. 그리고 '똑똑똑' 문을 두드립니다. 그러자 놀랍게도 마녀가 문을 열어 주며 소년을 맞이합니다. "이 성에 들어오기 위해 주인인 내 허락을 구한 사람은 당신이 처음입니다."라고 말하면서요.

마녀는 소년에게 성의 이곳저곳을 안내합니다. 세계 각국의 그림과 책을 모아 놓은 도서관, 아름답게 가꾼 정원, 공격에 대항할 수 있는 기계를 개발하는 실험실 등을 보며 소년은 깜짝 놀랍니다. 예상했던 마녀와 실제로 만난 사람이 너무도 달랐기 때문입니다. 마녀는 야채를 가꿔서 "야채수프를 먹는다."라고 하고, 더 이상 공격하지 않겠다는 소년의 말에 투구를 벗기도 합니다.

소년은 사람들이 '마녀'라고 이름 붙이고 공격했던 사람에게서 책을 읽고, 발명하고, 꽃을 가꾸고, 채식하는 모습을 봅니다. 그런 모습을 볼 수 있었던 이유는 다른 지원자들이 온갖 무기로 공격했던 것과는 달리, 소년은 이웃집을 찾아갈 때처럼 '똑똑똑' 하고 문을 두드렸기 때문입니다. 소년은 '마녀'라고 불리는 이에게 선입견이나 편견을 갖는 대신 자신과 똑같은 사람으로 대한 것입니다. 그런 까닭에 마녀는 자기를 존중해 준 소년을 귀한 손님으로 맞이했던 것이지요.

우리는 흔히 친구를 두고 "걘 착해.", "걘 이상해."라고 평가하는 말을 합니다. 이렇게 마음속에서 '좋은 아이', '나쁜 아이'라고 평가하면 어떻게 될까요? 내 기준으로 특정한 판단을 되풀이하면 그 사람에 대해 고정적인 이미지가 마음속에 자리 잡아 편견이나 선입견이 생깁니다.

그래서 '좋은, 착한, 너그러운, 똑똑한' 사람이 생기고 '나쁜, 못된, 쫀쫀한, 멍청한' 사람이 생기는 것이지요. 내가 상대방에 대해서 '좋은 사

'못된' 고양이라고 해서 미안해.
그만 내려 와.

람'이라는 이미지를 갖고 있으면 내 눈은 신기하게도 그 사람의 좋은 면만 보게 됩니다. 반대로 '나쁜 사람'이라는 이미지를 갖고 있으면 어김없이 그 사람의 나쁜 점만 찾게 됩니다.

상대를 어떤 눈으로 보느냐에 따라서 관계가 가까워지기도 하고 멀어지기도 합니다. 상대를 '마녀'나 '괴물'로 여기면 그들을 만났을 때 내 말과 행동에서 벌써 그 기운이 나타납니다. 그런 생각을 숨기고 예사롭게 대한다고 하지만 말투, 표정, 동작, 목소리에서 이미 대포가 나가고 있습니다.

그래서 상대에게 말하고 행동하기 전에 잠시 내 마음을 들여다볼 시간을 갖는 것이 필요합니다. 마음을 잘 살펴보고 나서 상대방에게 어떤 말과 행동을 할지 선택합니다. 그러면 지금 대포를 쏘고 있는지, '똑똑똑' 두드리고 있는지 알 수 있습니다. 대포를 쏘고 싶어서 대포를 쏜다면 어쩔 수 없지요. 그런데 '똑똑똑' 두드리려고 했는데 대포로 나갔다면 슬픈 일 아닐까요?

* * *

그럼 어떤 말이 '대포'일까요? 우리가 대포로 쏘는 말에는 '도덕적으로 판단하는 말'이 있습니다. 도덕적으로 판단하는 말은 상대방의 말이나 행동을 내 가치관이나 생각에 비추어서 '좋다/나쁘다, 맞다/틀리다, 옳다/그르다' 등으로 나누는 말입니다.

우리는 일상생활에서 이런 말을 하기도 하고 듣기도 합니다. 내 눈에 못마땅한 친구가 보이면 "쟤는 형편없어."라고 비난하고, "아무래도 저건 애정 결핍 증세야."라며 함부로 다른 사람 상태를 진단하는가 하면, '찌질이, 문제아'라고 상대방에게 꼬리표를 붙이기도 합니다. 그러나 상대방이 '좋은 사람인지 형편없는 사람인지', '애정을 충분히 받았는지 못 받았는지', '모범생인지 문제아인지' 판단하는 일은 절대 쉽지 않습니다. 내 눈에 형편없어 보이는 행동이 다른 사람 눈에는 재미있게 비칠 수도 있고, 내 앞에서 찌질이처럼 행동하는 친구가 다른 상황에서는 내가 멋있다고 생각하는 행동을 할 수도 있기 때문입니다.

앞서 이야기한 것과 같이 도덕적인 판단이 섞인 말을 들으면 화가 나서 공격하거나 우울해져서 변명하거나 입을 다물게 됩니다. 이렇게 되면 서로를 존중하는 마음이 사라져서 친밀해지기 어렵습니다.

우리는 특정 시간, 특정 장소에서 어떤 사람을 바라봅니다. 그 사람을 보는 눈도 각각 다릅니다. 각자 자기 색안경을 쓰고 다른 사람을 보고 있는 것입니다. 그 색안경은 내 생각으로 물들어 있습니다. 그래서 한 존재가 보여 줄 수 있는 여러 가지 모습을 알지도 못한 채 내 마음에 거슬리는 특정 행동을 문제 삼아 판단을 내리기도 합니다. 그야말로 빙산의 일각을 보고 대포를 쏘는 것이지요.

내 잣대로 판단하고 비난하는 말을 삼가려면 어떻게 하면 될까요? '내가 무엇을 원하고 있는가?'를 찾으면 됩니다. 예를 들어 학교에서 친구들과 환경 미화를 하기로 했는데 한 친구가 일이 있어 집에 먼저 가겠다고 합니다. 그럴 때 그 친구에게 "이기적이다."라고 하거나 "책임감이 없다."라고 말한다면 어떻게 될까요? 친구는 화를 내거나 미안해하겠지요. 함께하겠다던 친구가 먼저 간다고 했을 때 서운하고 섭섭하고 화가 날 수 있습니다. 그때 내가 원하는 것은 무엇일까요? 함께하고 싶은 마음을 친구가 알아줬으면 하는 것입니다. 함께하면 재미도 있고 일을 빨리 끝낼 수 있기 때문입니다.

그렇다면 "이기적이다, 책임감이 없다."라는 말 대신에 "함께하고 싶은데 서운하다."라든가, "네 도움이 필요한데 방법이 없을까?"라고 물어본다면 어떨까요? 다음은 도덕적인 판단으로 친구를 대해 왔다는 사실을 깨달은 한 학생의 이야기입니다.

사람들이 저에 대해 내리는 도덕적 판단은 서로 달라요. 가족들은 저한테 '까탈스럽다.'라고 하고 선생님들은 '믿음직하다.'라고 하시니 말이에요. 가족들이 저한테 까탈스럽다고 하는 것은 음식을 가리고, 약속 지키기를 강조하고, 사용한 물건은 반드시 제자리에 갖다 놓기를 요구하기 때문인 것 같아요. 선생님들은 저한테 일을 맡겨 놓으면 기한 내에 확실하게 처리하기 때문에 믿음직하다고 하시는 것 같고요. 친구들도 저랑 일을 하면 "너한테 시달리기는 하지만 뭔가 된다."라는 말을 해요. 그래서인지 저는 지저분하거나 약속을 어기는 사람을 보면 마음속에서 가위표를 해 버려요.

중간고사가 끝나고 짝을 바꿨는데, '저 아이하고는 안 됐으면 좋겠다.'라고 생각한 아이가 제 짝이 되는 일이 있었어요. 그 아이는 지각도 잦고 복장도 지저분해서 볼 때마다 눈살이 찌푸려졌거든요. 그 아이하고 최대한 사이를 벌려서 앉았고 말도 건네지 않았어요. 그 아이도 그런 제 마음을 눈치챘는지 말도 붙이지 않고 눈치를 보는 듯했어요.

그런데 어느 주말에 친구들하고 공원에 놀러 갔다가 그 아이를 만났어요. 바싹 마른 몸에 무표정한 아저씨가 휠체어에 앉아 있고 그 아이가 휠체어를 밀고 있었어요. 친구들이 속삭였어요. "민준이 아버진가 봐.", "많이 아프신 것 같아.", "민준이가 집안 살림을 다 한대." 그 얘기를 듣고, 민준이를 무시하고 함부로 대했던 제가 얼마나 부끄러웠는지 몰라요. 사정도 모른 채 겉으로 드러나는 것만으로 판단하고 평가했던 일이 후회스러웠어요. (15세 여학생)

'나는 그 사람에 대해 잘 모른다. 내가 알고 있는 것은 한 부분이다.'라고 인정하면 도덕적인 판단을 내려놓게 됩니다. 그렇게 되면 '저 사람은 왜 저럴까?' 하는 생각 대신 '그만한 이유가 있겠지.'라고 이해하는 마음이 싹틉니다. 자신을 탓하거나 다른 사람을 비난하는 마음이 솟았다가도 '내 잣대로 사람을 판단하고 있구나.'라는 생각이 들면 그 마음을 내려놓게 됩니다. 그리고 결과보다는 원인과 과정에 좀 더 관심을 두게 되지요. 이렇게 색안경을 벗고 잣대를 내려놓으면 스스로에 대해서, 또 다른 사람에 대해서도 편안한 마음이 됩니다.

비교하는 말

비교도 도덕적인 판단에 속합니다. 어떤 기준으로 우열을 나누는 것은 우리를 비참하고 서글프게 만듭니다. 성적이나 외모, 또는 집안 형편으로 비교당하면 어떤가요? "반에서 몇 등이냐?", "형(동생)은 잘하는데 너는 왜 그러냐?", 'SKY', '엄친아', '엄친딸' 같은 말은 모두 비교에서 나온 말입니다.

이런 말들은 자신을 그리고 다른 사람을 편안하게 받아들이지 못하게 만듭니다. 기준에 맞는 사람이 드물기 때문에 스스로를 또 다른 이를 못마땅한 눈으로 바라보게 되지요. '내 얼굴은, 키는, 성적은, 성격은 왜 이럴까?' 하는 생각에 속상하기만 합니다. '똑똑함과 멍청함', '잘생겼음과 못생겼음'으로 사람을 나눈다면 그 잣대에서 자유로울 수 있는 사람이 몇이나 될까요?

비교는 또한 사람들 사이의 경쟁을 부추깁니다. 경쟁하면 앞서는 사람도 뒤처진 사람도 모두 두렵고 불안합니다. 내 장점이라 여기는 것을 떠올리면 우쭐하기 쉽고, 반대로 단점을 생각하면 움츠러들게 되지요. 또 어떤 집단에서는 내가 우월하다고 생각했는데 다른 곳에 가니 내세울 만한 것이 없어서 열등감을 느끼기도 합니다.

이렇게 되면 자신을 사랑하기가 힘들어집니다. 자신을 사랑하지 못하는데 다른 사람을 사랑할 수 있을까요? 다른 사람을 경쟁 상대로 보기 때문에 진심으로 마음을 나누기도 어렵습니다. 어떤 사람을 우러러

보는 눈은 그렇지 않은 사람을 내려다보게 됩니다. 그런 눈에는 사랑이 깃들지 않습니다. 다음 두 학생이 겪은 이야기를 읽어 볼까요?

수행 평가로 농구대에 공을 넣는 시험을 치르고 있었어요. 그런데 친구가 발을 헛디뎌 공이 골대에서 튕겨 나왔어요. 순간 '아싸!' 하는 마음이 들었어요. 왜냐하면 친구와 성적이 엇비슷해서 서로 앞뒤를 다투고 있었거든요. 하지만 잠시 뒤 친구의 실수를 기뻐하는 저 자신을 깨닫고 괴로웠어요. (14세 여학생)

누나가 졸업한 학교에 다니는 것이 처음에는 즐거웠어요. 왜냐하면 선생님들이 "네가 재윤이 동생이냐?" 하며 관심을 보이셨기 때문이에요. 하지만 시간이 갈수록 괴로운 마음이 커졌어요. 수업에 들어오시는 선생님들이 자꾸 저랑 누나를 비교하셨거든요. 준비물을 못 챙겨도, 점수가 낮아도, 대답을 못 해도 "누나는 안 그랬는데 넌 왜 그러냐?"라고 말씀하셨어요. 실습 시간에 뒤처리를 제대로 안 했다며 "너 재윤이 동생 맞니?"라는 말을 들었을 때는 정말 화가 났어요. 선생님도 누나도 미웠어요. 나는 난데, 왜 자꾸 누나랑 비교하는지 모르겠어요. (14세 남학생)

두 학생 모두 비교에서 오는 괴로움에 관해 이야기하고 있습니다. 비교는 가까운 사람을 대상으로 하는 경우가 많아서 우리를 더 비참하게 합니다. 그리고 비교 대상과 사이가 멀어지게 됩니다.

우리는 저마다 다른 경험을 하며 하루하루를 살아가고 있습니다. 그래서 생각도 다르고 느끼는 것도 다릅니다. 모두 서로 다르고 또 달라서 특별한, 세상에 단 하나뿐인 사람입니다. 우리 한 사람 한 사람이 그 누구와도 비교할 수 없는 귀한 사람들이지요. 비교에 관한 다음 일화를 함께 읽어 볼까요?

한 선비가 시골길을 가다가 밭을 가는 늙은 농부를 만났습니다. 농부는 소 두 마리로 밭을 갈고 있었는데 한 마리는 검은 소였고 다른 한 마리는 황소였습니다. 선비는 호기심이 생겨 농부에게 물었습니다. "노인장, 저 두 마리 중 어느 소가 일을 더 잘합니까?" 그러자 농부는 잠시 일을 멈추고 선비에게 오더니 귀에다 대고 "힘은 검은 소가 낫지만 일은 누렁소가 더 잘합니다."라고 속삭였습니다. 이에 선비가 "아니 그게 무슨 비밀이라고 귓속말로 합니까?"라며 어이없는 표정을 지었습니다. 그러자 농부는 얼굴을 붉히며 말하기를 "말 못 하는 짐승일지라도 비교하는 말이 귀에 들어가면 좋을 리가 있겠습니까?"라고 했습니다. 농부의 말에 깊은 감명을 받은 선비는 평생 말을 신중하게 했다는데, 그 선비가 바로 황희 정승입니다.

유명한 일화여서, 들어 본 친구들도 있을 거예요. 말 못 하는 짐승도 함부로 비교하지 않는 농부의 말에 가슴이 뭉클합니다. 이 농부처럼 우리 한 사람 한 사람이 얼마나 소중한 존재인지, 자신이 얼마나 귀한 존재인지를 깨닫게 되면 남과 비교하지 않게 됩니다. 우리는 인류 생명의 역사에서 단 한 번 출현한 사람들입니다. 부모님, 조부모님, 증조부모님 등 수많은 사람이 만나 사랑한 결과로 지금 여기에 우리가 있습니다.

오래전에 들었지만 마음 깊이 남아 있는 말이 있습니다. 생물 시간에 유전에 대해서 배울 때 선생님께서 하신 말씀입니다. "우리 한 사람 한 사람이 인류 생명의 역사입니다. 우리 몸 안에 40억 년 생명의 역사가 담겨 있습니다. 그러니 여러분이 바로 인류의 유산입니다. 그 무엇과도 비교할 수 없는 귀중한 유물입니다." 그 말씀을 떠올릴 때마다 생명을 이어 가는 한 존재로서 저 자신의 무게를 느낍니다.

스스로 얼마나 소중한 존재인지 깨달을 때 판단이나 비교하는 마음을 내려놓을 수 있습니다. 다음은 옥상달빛이 부른 〈그대로도 아름다운 너에게〉 가사의 일부입니다. 엄마와 아빠가 서로 눈을 마주한 그 순간부터 우리는 이미 완전한 모습이 되었다고 노래하지요. 천천히 가사를 보면서 스스로가 얼마나 특별한 존재인지 깨닫고, 있는 그대로 자신을 받아들이는 시간을 가져 볼까요?

오늘따라 하늘이 참 예쁘다고 하는 너
이름 모를 꽃을 보며 수줍게 사진을 찍던 너
TV에서 본 영화가 슬프다고 펑펑 우는 너
난 아직 어리고 서툴다고

잘못된 거라 생각하지 마

그대로도 정말 아름다운걸

널 바꾸려고도 아직은 널 정하지도 마

그대로도 정말 기특해

엄마 아빠가 서로 눈을 마주한

그 순간부터 넌 오래전부터 넌

이미 완전한 모습인걸

니가 나쁘든 좋든 이유 없이 괜찮아지고

나완 상관없이 세상은 널 괴롭힐 때도 있지

잘못 들어온 길가에 꽃밭이 있을 수도 있고

흙탕물에서 연꽃이 피듯이

넌 어디서든 빛이 나는걸

그대로도 정말 아름다운걸

널 바꾸려고도 아직은 널 정하지도 마

그대로도 정말 훌륭해

엄마 아빠가 서로 눈을 마주한

그 순간부터 넌 오래전부터 넌

가장 소중한 넌

이미 완전한 모습인걸

강요하는 말

이번에는 '강요하는 말'에 대해 생각해 봅시다. 강요하는 말은 상대가 어떤 처지인지, 무엇을 필요로 하는지를 인정하지 않고 내 뜻대로 움직일 것을 요구하는 말입니다. 강요에는 그 말을 들어주지 않으면 비난이나 벌을 받게 될 것이라는 위협이 포함되어 있습니다. 강요를 당하면 힘에 굴복하여 그 말을 따르거나, 화가 나서 반발하게 됩니다. 우리는 다른 사람에게 어떤 강요를 하기도 하지만, 자기 자신에게 강요하기도 합니다. 다음은 스스로에게 강요하며 자기를 힘들게 했던 학생이 들려준 이야기입니다.

시험이 다가오면 두렵고 불안해져서 공부에 집중할 수 없었어요. 그런 증세는 시험 날짜가 다가올수록 심해져서 토하기도 하고 배가 아파서 응급실에 실려 가기도 했어요. 시험을 망치고 나면 무척이나 속이 상하는데 주변에서 "하필이면 시험 때 아프냐?"라고 해서 더 괴로웠어요. 그런데 선생님이랑 같이 내 마음 들여다보기를 공부하면서 알게 됐어요. '높은 점수를 받아야 한다.'라고 내가 나에게 했던 강요가 몸과 마음을 아프게 했다는 것을요. 이제는 시험에 대해서 이렇게 생각해요. '공부한 만큼 결과가 나온다. 그리고 거기서부터 다시 시작이다.'라고요. (14세 여학생)

이 학생은 시험을 잘 봐야 한다는 강요 때문에 여러 가지 증세를 겪었습니다. 그리고 그런 강요가 오히려 원하지 않는 결과를 가져온다는 것을 깨닫자 더 이상 자신에게 그런 강요를 하지 않게 되었고, 몸이 아픈 증세도 사라졌습니다. 공부하라는 말이 듣기 싫었던 다른 학생의 이야기도 들어 볼까요?

"공부해."라는 말을 들으면 제 안에서 어떤 것이 쑥 올라오는 것이 느껴져요. 짜증이 나고 화가 나서 그 느낌을 삭이는 데 시간이 걸려요. 그래서 부모님께 "공부하려고 했다가도 그런 말 들으면 하기 싫어져요."라고 말했어요. 그랬더니 "공부하기 싫으니까 별말을 다 한다. 정말 공부하려고 마음먹었다면 그 말이 더 반갑지."라고 하시는데 기가 막혔어요.

그런데 그걸 알게 됐어요. 어른들이 하는 말에는 별생각 없이 습관적으로 하는 말이 많다는 것을요. 본인이 그런 말이나 행동을 했다는 것도 잘 기억하지 못하시더라고요. 그렇게 별 뜻 없이 하는 말에 일일이 대꾸할 필요가 없다는 것을 알았어요. 이제는 부모님이 공부하라고 하시면 내 상황이나 처지를 말하기도 하고, "예." 하고 그냥 공부해요. 부모님과 신경전을 벌이지 않게 되어서 시간을 얻기도 했지만, 마음이 편안해진 것이 더 큰 소득이에요. (15세 남학생)

이 학생은 어른들이 하는 말을 '강요'로 받아들였다가, 그것이 습관적으로 하는 말임을 알게 되어 새롭게 대응하자 마음이 편해졌다고 했습니다. 이처럼 어른들은 자신이 어릴 때 들었던 말을 무의식적으로 반복하기도 합니다. 이런 말을 들었을 땐 어떻게 하면 좋을까요? 다음 대화를 살펴봅시다.

외출 준비를 하는 엄마와 딸이 나누는 대화 1

엄마: 그 옷 별로다. 다른 것으로 입어.

딸: 이 옷이 어때서요?

엄마: 칙칙해 보여서 별로야. 딴 걸로 입어.

딸: 싫어요, 난 이게 좋아요.

외출 준비를 하는 엄마와 딸이 나누는 대화 2

엄마: 그 옷 별로다. 다른 것으로 입어.

딸: 이 옷이 앉아 있을 때 편해요.

엄마: 칙칙해 보여서 별로야.

딸: 엄마는 밝은색이 좋나 봐요.

엄마: 그래, 목도리라도 밝은색으로 해라.

딸: 좋아요, 날도 추운데.

첫 번째 대화에서는 딸이 강요하는 말을 듣고 반발하고 있지만, 두 번째 대화에서는 엄마의 의견을 존중하면서도 자기 의사를 표현하고 있습니다. 다른 상황의 대화도 함께 읽어 봅시다.

식당에서 아빠와 아들이 나누는 대화 1

아빠: (아들의 설렁탕에 소금을 집어넣으며) 간이 싱겁다.

아들: (수저를 내려놓으며) 왜 아빠 맘대로 소금을 넣어요?

아빠: 간 맞춰 주는데 왜 짜증을 내고 그래?

아들: 난 안 짜다고요.

식당에서 아빠와 아들이 나누는 대화 2

아빠: (아들의 설렁탕에 소금을 집어넣으려 함.)

아들: 소금 안 넣어 주셔도 돼요.

아빠: 그래? 싱거운 것 같은데?

아들: 저한테는 괜찮아요.

첫 번째 대화에서 아들은 강요당한 뒤에 화를 냈는데, 두 번째 대화에서는 그전에 자기 의사를 분명하게 표현했습니다. 이미 일어난 일은 돌이킬 수 없습니다. 그 일을 두고 말하면 서로 마음만 상합니다. 지금 어떻게 할지 그것을 말하는 것이 서로에게 이롭습니다. 강요하는 말을 들을 때 내 마음을 표현하는 것이 쉬운 일은 아닙니다. 하지만 무조건 참고 따르거나 화를 내며 반발하기보다 용기를 내어 원하는 것을 말해 보세요. 같은 일이 되풀이되는 것을 줄일 수 있습니다.

상벌을 당연시하는 말, 책임을 인정하지 않는 말

'상벌을 당연시하는 말'이란, 어떤 행동은 상을 받을 만하고 어떤 행동은 벌을 받는 게 당연하다는 생각에서 나온 말입니다. "상(벌) 받을 만해.", "혼나야 마땅해.", "가만 안 둘 거야.", "맞아도 싸.", "날 좋아한다면 그 정도는 해야 하는 것 아니야?"와 같은 말들이지요.

상과 벌은 사람을 조종하는 수단으로 분노와 두려움을 느끼게 하기 때문에 진정한 관계를 맺기가 힘듭니다. 스스로 무언가 할 수 있는 힘을 훼손하기 때문입니다. 상벌이 얼마나 깊숙이 우리 생활에 스며들어 있는지를 깨달은 학생 이야기를 읽어 볼까요?

저는 상벌을 당연시한다고 생각하지 않았는데, 우리가 자주 쓰는 말이나 행동 가운데도 그런 생각이 숨어 있다는 설명을 들으니 가슴이 뜨끔했어요. 친구가 제 문자나 카톡에 바로 답하지 않으면 답이 와도 시간을 끌다가 답장하거나 모르는 체하면서 넘겼거든요. '네가 그렇게 하면 나도 그렇게 해 줄 거야.'라는 생각으로 은근히 벌을 줬고, '내가 이 정도 했으니 너도 그 정도는 해 줘야지.'라는 생각으로 가득했어요. 집으로 가는 길에 친구랑 군것질하는데 내가 한 번 사면 다음에는 당연히 친구가 사야 한다고 생각한다든가, 친구를 기다려 줬으면 그 친구도 당연히 나를 기다려 줘야 하는데 그게 지켜지지 않으면 마음이 불편했어요.

그런데 이렇게 당연시하는 마음이 고마워하는 마음을 사라지게 한다는 말을 듣고 반성했어요. 부모니까 마땅히 자식을 키워야 하고, 선생님은 월급을 받으니 우리를 가르쳐야 하고, 내가 해 준 만큼 상대가 해 줘야 한다면, 이해득실을 따지는 '계산기 인간'들로 가득 찬 세상이 된다는 것을 알았어요. '하늘 아래 당연한 것은 하나도 없다.'라는 사실을 알면 많은 것이 '감사'로 변하니 놀랄 일이에요. 마음 하나 바꾸면 세상이 바뀐다는 말을 실감했어요. (15세 여학생)

이렇게 우리는 상벌을 당연시하면서도 그것을 깨닫지 못할 때가 많습니다. 그러나 관계의 변화를 가져오는 힘은 상과 벌에 있지 않습니다. 다음은 평소라면 꾸중을 들을 일인데 선생님께서 걱정해 주신 말씀에 감동한 학생 이야기입니다.

등굣길에 교문이 보이면 나도 모르게 긴장이 됐어요. 교문 앞을 지키는 학생부 선생님들의 시선이 따갑게 느껴져서요. 그런데 얼마 전에 학생부 선생님이 바뀌면서 아침 등굣길이 편해졌어요. 선생님의 말투, 시선에 따뜻함이 느껴져요. 얼마 전에 슬리퍼를 신고 등교하다 딱 걸렸어요. 선생님이 제 이름을 부르면서 "오가는 길에 차가 많은데 슬리퍼로 자전거 페달을 밟는 것이 걱정된다."라고 말씀하셨어요. 그 순간 '인격의 감화'란 바로 이런 것이구나 하고 깨달았어요. (19세 남학생)

슬리퍼를 신고 등교했을 때 선생님이 "너 야단 좀 맞아야겠다."라고 말씀하시는 대신 왜 슬리퍼를 신으면 안 되는지 그 이유와 함께 걱정하는 마음까지 표현해 주셔서 이 학생은 감동하였다고 했습니다.

변화가 스스로에게 유익하다는 것을 알게 되면 우리는 기꺼운 마음으로 새로운 말과 행동을 선택합니다. 그러나 상과 벌로 인한 두려움이나 수치심, 죄책감에서 비롯된 행동은 서로를 멀어지게 만듭니다. 왜냐하면 다른 사람이 정한 기준에 따라 행동하면 자신에게 화가 나고 비참해지기 때문입니다.

그래서 신화학자 조지프 캠벨은 "놀이가 아닌 어떤 것도 하지 말라."라고 말했습니다. 이 말은 '처벌, 보상, 수치, 죄책감, 의무, 복종'으로 움직이지 말고 원하는 것을 말이나 행동으로 옮기라는 뜻으로 풀이할 수 있습니다. "어떻게 놀 수만 있나요?"라고 질문을 던질 학생도 있을 것입니다. '학생이니까, 안 하면 혼나니까, 잘하면 칭찬을 들으니까, 못하면 부끄럽고 창피하니까.' 이런 이유로 공부한다면 그것은 처벌, 보상, 수치, 죄책감, 의무, 복종으로부터 나온 행동입니다.

그러나 내가 원하는 것을 하기 위해 공부한다는 생각 즉, 배움의 동기가 분명하면 공부도 놀이가 됩니다. 자발성과 재미는 놀이의 중요한 요소입니다. 여러분이 흥미를 느껴서 재미있게 무엇인가를 하면 그것이 놀이가 됩니다. 원하는 것, 중요하게 생각하는 것, 하고 싶은 것, 필요로 하는 것을 말과 행동으로 옮길 때 흥미와 재미는 저절로 솟아납니다. 어떤 일을 스스로 선택해서 할 때 그리고 거기에서 즐거움을 느낄 때 그것은 놀이가 됩니다. 그런 사람은 더 이상 상과 벌에 얽매이지 않습니다.

이번에는 '책임을 인정하지 않는 말'에 대해 알아봅시다. 내 생각이나 느낌, 행동에 대해 '막연한 이유, 다른 사람의 행동, 권위자의 지시, 집단의 압력, 관습, 제도, 규칙, 성별, 나이, 지위' 등을 이유로 책임을 인정하지 않는 말입니다. 다음 예를 보면 알 수 있습니다.

- 다들 대학에 가니까 나도 가는 거야. (막연한 이유)
- 새치기하니까 욕을 했지. (다른 사람의 행동)
- 선생님이 시켜서 적었어. (권위자의 지시)
- 애들이 '따' 시키니까 나도 어쩔 수 없어. (집단의 압력)
- 규정에 따라 그렇게 할 수밖에 없어. (제도와 규칙)
- 여자(남자)니까 하는 거야. (성별)

자신이 어떤 말을 하고 있고 어떤 행동을 하고 있는지 알아차리려는 의식이 없으면 책임을 느낄 수 없습니다. 여러분도 제2차 세계 대전 때 나치가 수많은 유대인을 학살했다는 사실을 알고 있을 것입니다. 당시 책임자 중 한 명이었던 아돌프 아이히만은 악하고 잔인한 사람일 것이라는 예상과 달리 너무도 평범한 사람이었다고 합니다. 그는 "그 많은 사람을 가스실로 보내고 양심의 가책을 느끼지 않았나?"라는 질문에

"명령받은 일을 했기 때문에 양심의 가책을 느끼지 않았다. 명령받은 일을 하지 않았다면 오히려 양심의 가책을 느꼈을 것이다."라고 대답할 정도로 윗사람이 시키는 대로 순종하는 사람이었습니다. 따라서 그에게는 반성하는 마음도 없었고 죄책감도 없었다고 합니다.

재판을 지켜봤던 한나 아렌트라는 철학자는 이 사례를 통해 '악의 평범성'을 이야기했습니다. 특별한 사람이 악인이 되는 것이 아니라, 자기가 하는 일이 어떤 일인지 그 의미를 생각하지 않고 다른 사람이 하는 대로 따라 하거나, 윗사람이 시키는 대로 따르면 누구나 아이히만처럼 될 수 있다는 것입니다. 예루살렘 법정의 검사는 "말하지도, 생각하지도, 행동하지도 않은 것이 아이히만의 죄"라고 말했습니다. 이렇게 역사적인 사건뿐만 아니라 일상에서도 책임을 인정하지 않는 말과 행동을 찾아볼 수 있습니다. 다음은 학급에서 일어나는 따돌림을 보고만 있었던 학생이 들려준 이야기입니다.

우리 반에 왕따를 당하는 아이가 있어요. 그 아이는 늘 혼자고 누구도 그 아이에게 말을 건네는 법이 없어요. 놀리거나 야유를 퍼붓는 몇몇 아이들이 있을 뿐이에요. 그 애가 교실에서 자기 자리에 혼자 우두커니 앉아 있고 점심시간에도 식당에서 혼자 밥을 먹는 모습을 보면 마음이 불편해요.

그 말을 엄마께 했더니 "네가 그 아이 친구가 되어 주면 어때?"라고 하시는데, 엄마가 몰라서 하는 말씀이에요. 내가 그 아이에게 어떤 행동을 했다가 반 애들한테 나까지 따를 당하면 어떡해요. 겁이 나서 아무것도 못 하겠어요. 잘못된 것을 말하지 않는 것도 공범자라는 말이 떠오르지만 어쩔 수 없어요. (17세 남학생)

내 안에 있는 억압, 불편함을 다른 사람에게 화풀이하는 것이 폭력이고 따돌림입니다. 생각한 뒤 말하거나 행동하고, 그 말과 행동에 책임을 진다면 따돌림이나 폭력이 가능할까요? 주변 사람들과는 다른 선택을 할 때 망설여지고 두렵고 떨릴 수도 있습니다. 집단적인 압력을 이겨내는 데에는 큰 용기가 필요하지요. 하지만 생각한 뒤 말하고, 자기 의지에 따라 행동하며 살기를 선택할 때 용기는 솟아납니다.

그런 용기를 가지려면 어떻게 하면 될까요? 사람들이 당연하게 받아들이는 것에 물음표를 던질 수 있어야 합니다. 한 사회 구성원들 대부분이 상식으로 여기는 가치관이 때로 사람들을 우물 안 개구리로 만들기도 하고, 눈이 먼 사람으로 살아가게 하기도 합니다. 그 잣대에 어긋나면 눈 밖에 날까 두려워서 다른 사람이 하는 대로 따라 합니다. 그런데 지금 우리 사회에서 '그렇게 해야 한다.' 또는 '그렇게 하지 말아야 한다.'라고 요구되는 것들이 과연 우리 삶에 이로운 것일까요? 나한테도 다른 사람한테도, 또 지금뿐만 아니라 먼 훗날에도 서로에게 유익한 것이 될지 생각해 보기를 바랍니다. 다음은 스스로 자기 미래를 선택한 친구의 이야기입니다.

제게는 어린 시절부터 모범생이라는 꼬리표가 붙어 있었어요. 그러던 제가 고등학교 2학년 때 자퇴를 했어요. 그전까지는 막연하게 친구들이 모두 학교에 다니니까 저도 다녀야 한다고 생각했어요. 그러다 친구들과 함께 여행한 적이 있는데 여행지에 관한 책을 읽고, 계획을 짜고, 필요한 서류를 챙기고, 표를 예매하고, 여행지에서 여러 가지를 경험하면서 생각이 변했어요.

여행을 마치고 돌아와 부모님께 "학교에 다니는 것이 기차를 타고 목적지까지 가는 것이라면, 여럿이 함께 가니까 든든하고 비나 바람을 막을 수 있어 안전하겠지요. 하지만 단체의 일정이나 규칙에 따라야 하므로 행동에 제한이 있어요. 반대로 학교 밖으로 나온다는 것은 배낭을 메고 혼자 걸어가는 것과 같아요. 비나 바람을 그대로 맞게 되면 힘들겠지만, 피할 방법을 스스로 생각하고 찾을 수 있어요. 혼자 걸으면 외롭고 두려울 때도 있겠지만 자율적으로 시간을 계획하고 쓸 수 있고, 이런저런 일을 겪으면서 문제 해결력을 기를 수도 있고요. 다양한 장소에서 다양한 사람들을 만나 배울 수도 있어요. 만나는 사람이 모두 선생님이고, 어느 곳이나 다 학교가 될 수 있어요."라고 학교를 자퇴하고 싶다는 제 뜻을 말씀드렸어요. 처음에는 부모님이 반대하셨지만 제 생각이 확고한 것을 알고 자퇴를 허락하셨어요.

동생은 저와 같은 학교 1학년에 다니고 있었는데, 선생님들이 동생을 보면 농담을 하셨다고 해요. "네 형은 여행 갔다 오더니 자퇴하던데, 너도 어디 다녀오면 자퇴할 거냐?"라고요. 제 동생이야말로 집에서 '자유로운 영혼'으로 불리던 아이였기 때문에 부모님께서는 자퇴를 한다면 동생 쪽이 더 가능성이 높다고 생각하셨대요. 동생은 일찍 일어나 학교에 갈 때 제가 자는 모습을 보면 하루 쉬고 싶다는 마음이 드는 날도 있었대요. 하지만 학교에 가서 친구들과 재미있게 지낼 생각을 하면 그 마음이 금세 사라졌다고 하더군요. 동생은 지금도 즐겁게 학교를 잘 다니고 있어요. 저나 동생은 각자 원하는 선택을 한 것이지요. (19세 남학생)

말하고 행동하기 전에 '어떻게 하면 행복할까?'를 자신에게 물어보세요. 그러면 다른 사람들이 말하는 답과는 다른, 나만의 답을 발견하게 될 것입니다. 자신이 진정으로 원하는 것이 무엇인지를 알고 그에 따라 말하고 행동해 보세요. 무엇을 위해 어디로 가고 있는지를 알고 내딛는 한 걸음 한 걸음이 여러분의 삶을 어떻게 변화시킬지 벌써 궁금해집니다.

PART 2

어렵지 않아요! 비폭력 대화법

보고 들은 대로 말해요

'나'를 주어로 말해요

우리는 지금까지 공감과 소통을 방해하는 말에 어떤 것이 있는지 알아봤습니다. 이제부터는 '똑똑똑' 하고 내 마음을 두드리고, 상대의 마음을 두드리는 말하기를 배워 볼까요? 말하기에는 '나'를 주어로 하는 말하기와 '너'를 주어로 하는 말하기가 있습니다. 이 두 가지가 어떻게 다른지 한번 살펴봅시다.

'너' 전달법	'나' 전달법
"(너) 왜 이렇게 늦었어. 빨리빨리 와."	"(나) 걱정했어. 늦으면 미리 알려 줄래?"
"(너) 왜 그렇게 소리가 커. 좀 조용히 해."	"(나) 전화 받고 있어. 소리 좀 낮춰 줄래?"

'너'를 주어로 말할 때는 상대방이 어떤 상황인지를 모르고 내 뜻대로 움직여 주기를 바라기 때문에 상대에게는 비난하는 말로, 강요하는 말로 들리기 쉽습니다. 그래서 말싸움이 벌어지기도 합니다. 또 너를 주어로 하면 말하는 사람도 감정이 격해지기 쉽습니다.

그런데 '나'를 주어로 하는 말하기는 내 상황과 느낌을 알리고 원하는 것을 말하기 때문에 상대방에게 부탁하는 말로 들립니다. 그리고 나를 주어로 말하면 감정도 차분해집니다. 사람들은 자신에 관한 이야기를 할 때 마음이 편해집니다. 너를 주어로 하는 말은 삼가고 나를 주어로 하는 말을 할 때 서로 편한 마음으로 만날 수 있습니다.

비폭력 대화는 나를 주어로 내가 본 것과 들은 것, 내 느낌, 내가 원하는 것을 말하는 대화법입니다. '나 전달법'이라 할 수 있지요. 비폭력 대화의 형식은 다음과 같습니다.

	뜻	형식
관찰	본 그대로, 들은 그대로 말하기	내가 ~을(를) 보았을 때 / 내가 ~을(를) 들었을 때
느낌	몸과 마음에서 일어나는 반응을 말하기	내가 ~을(를) 느낀다.
필요	필요로 하는 것, 원하는 것을 말하기	왜냐하면 나는 ~을(를) 원하기 때문에
부탁	필요를 충족하기 위해 스스로에게 혹은 상대에게 요청하기	~해 줄래? / ~해 주시겠어요?

관찰, 느낌, 필요, 부탁으로 말하는 사례를 함께 알아볼까요?

새 옷을 입고 나가려는데 없어서 동생에게 문자를 보내는 상황

- 관찰: 옷장에 넣어 둔 내 체크무늬 셔츠가 보이지 않아.
- 느낌: (입고 나가야 하는데 없어서) 당황스러워.
- 필요: 혹시 네가 입고 갔니? (네가 입고 갔는지 알고 싶어.)
- 부탁: (입고 갔다고 하면) 앞으로는 미리 말해 줄래?

수행 평가 점수가 예상보다 낮게 나와 선생님께 여쭙는 상황

- 관찰: 선생님, 수행 평가 점수가 제 예상보다 10점 정도 낮게 나와서
- 느낌: 놀랐어요.
- 필요: 어떻게 해서 그 점수가 나왔는지 알고 싶어요.
- 부탁: 설명을 부탁드려도 될까요?

내가 한 말을 엄마가 다른 사람에게 전했다는 것을 알게 된 상황

- 관찰: 지선이가 "너네 엄마가 그랬다는데."라고 말해서
- 느낌: 당황스럽고 민망했어요.
- 필요: 그런 말은 엄마만 알고 있었으면 해요.
- 부탁: 제게 먼저 물어보고 다른 사람에게 말해 주실래요?

청소했는데 선생님께서 "이게 한 거냐?"라고 묻는 상황

- 관찰: "이게 청소한 거냐?"라는 말을 들으니
- 느낌: 맥이 풀려요.
- 필요: 어디를 더 해야 하는지 알고 싶어요.
- 부탁: 다시 해야 할 부분을 알려 주시겠어요?

엄마가 부탁하신 일을 깜박 잊었는데 엄마가 "그럴 줄 알았다. 너를 믿은 게 잘못이지. 네가 하는 일이 그렇지."라고 말씀하신 상황

- 관찰: 엄마 말씀을 들으니
- 느낌: 서운하고 속상해요.
- 필요: 저도 엄마를 도와드리고 싶었거든요.
- 부탁: 다음엔 잘 기억할 수 있도록 전화나 문자로 한 번 더 알려 주실래요?

처음에는 이렇게 표현하는 것이 어색해서 말이 잘 나오지 않을 수도 있습니다. 오른손을 쓰던 사람이 갑자기 왼손을 쓰려는 것처럼 서툴고 어색할 수도 있지요. 말하는 사람도 쑥스럽지만 듣는 사람 역시 저항을 느낄 수 있습니다. "갑자기 왜 그래? 너 왜 그렇게 말을 이상하게 하니?" 하며 눈살을 찌푸릴 수도 있습니다.

관찰, 느낌, 필요, 부탁에 대해 하나하나 알아 가면서 천천히, 하나씩 말해 보세요. 필요를 말하는 것부터 시작해 볼까요? "쉬고 싶어요.", "알

고 싶어요.", "다른 것을 먹고 싶어요.", "이 일을 마무리 짓고 싶어요." 이렇게 말입니다. 이렇게 말하는 것이 익숙해지면 거기에 느낌을 넣어서 표현합니다. "피곤해서 쉬고 싶어요.", "궁금해요. 알고 싶어요." 그다음에는 구체적인 부탁을 할 수 있겠지요. 이제 아기가 걸음마를 떼고 말을 배우듯 설레는 마음으로 비폭력 대화를 시작해 볼까요?

천천히, 자세히 들여다봐요

비폭력 대화의 첫 번째 형식인 '관찰'은 본 대로, 들은 그대로 말하는 것입니다. 신문 기사를 작성하는 육하원칙처럼 말입니다. 어떤 상황을 있는 그대로 찬찬히 살펴본 뒤에 사실 그대로, 들은 그대로를 말하는 것이지요.

우리는 저마다 교육, 가치관, 경험 등을 통해 형성된 나만의 잣대를 갖고 있습니다. 그래서 어떤 사람이나 사건을 대하면 곧바로 그 잣대로 평가합니다. 평가는 사람이나 사건에 대해 자신의 잣대로 해석하는 것을 가리킵니다. '둘이 말다툼했다.'라고 말하는 것은 사실이지만, '덕호가 옳았다.', '명훈이가 틀렸다.'라고 하는 것은 평가입니다.

비폭력 대화 모델을 개발한 마셜 로젠버그는 어떤 사건이나 현상에 대해 '무엇을 했다.' 혹은 '하지 않았다.'라고 말하거나 평가할 수 있지만, 그 두 가지를 섞지는 말라고 조언합니다. 관찰과 평가가 뒤섞이면 소통에 문제가 생기기 때문입니다. 그래서 내가 본 행동이나 들은 말을 그대로 하기를 권하고 있습니다. 다음 표를 보면서 평가와 관찰이 어떻게 다른지 알아볼까요?

평가	관찰
동현이한테 여친 생겼나 보더라. 어제 보니 어떤 여학생이랑 좋아 죽던데.	동현이가 여학생이랑 편의점 앞에서 삼각김밥을 먹으며 웃고 있더라.
승재가 그러더라. 너랑 카톡 하다 보면 할 일을 제대로 못 한다고.	승재가 "영진이랑 카톡 하다 깜박했어."라고 말했어.
너 왜 거짓말했어?	난 그 모임을 그만두겠다고 한 적이 없는데 네가 그렇게 말했다고 하더라.
민수는 무책임해.	민수는 나한테 "너 혼자서 해."라고 말했어.
준영이는 돼지야.	준영이는 떡볶이 3인분을 먹었어.
날 무시하는 거니?	문자를 세 번 보냈는데 답이 없었어.

표에서처럼 관찰하는 말하기는 사실 그대로를 전달하지만, 때로는 관찰로 말한다 해도 시점, 관점에 따라 이야기가 달라지기도 합니다. 다음 이야기를 함께 읽어 볼까요?

해와 달이 만났습니다. 해가 달에게 "나뭇잎은 초록색이야."라고 말했습니다. 그러자 달은 "나뭇잎은 은빛이야."라고 말했습니다. 이번에는 달이 말했습니다. "사람들은 잠만 잔다." 그러자 해는 달이 잘못 알고 있다면서 "아니야, 사람들은 바쁘게 움직여."라고 말했습니다. 해와 달은 자신이 옳고 상대가 틀렸다며 다퉜습니다.

그때 바람이 나타났습니다. 바람은 웃으며 "낮에는 해가 말한 대로 나뭇잎이 초록색이고 사람들도 바쁘게 움직이지만, 달이 뜬 밤이 되면 사람들은 잠을 자고 나뭇잎은 달빛을 받아 은빛으로 변하지."라고 말했습니다.

해와 달처럼 우리도 자기가 본 것이 옳다고 우길 때가 있습니다. 그런데 사람이나 사물은 보는 시간, 장소, 관점에 따라 다르게 보일 수 있습니다. 내가 본 사물이나 사람 또는 사건은 특정 시간, 특정 장소에서 내 관점으로 본 것이기 때문에 나와 다르게 보고 들은 사람의 말도 존중하는 태도가 필요합니다. '나는 이렇게 보고 들었는데, 저 사람은 저렇게 보고 들었구나!' 하고 그 사람의 의견을 인정하는 것입니다.

이번에는 관찰로 말하는 것과 평가를 섞어 말하는 것이 어떻게 다른지 다음 이야기를 통해 살펴볼까요? 예를 들어 배고픈 곰 두 마리가 함께 물고기를 잡고 있습니다. 그런데 한 마리가 실수로 양동이를 엎는 바람에 그 안에 있던 물고기를 놓치고 말았습니다. 이것을 본 다른 곰이 "뭐 하는 거니?", "바보야, 그걸 놓치면 어떡해?", "어디에 정신 팔린 거야?" 하고 말했다면 물고기를 놓친 곰은 어떻게 반응할까요? 풀이 죽어

변명할 수도 있고, 화가 나서 달려들 수도 있습니다. 혹은 "너 혼자 잘해 봐!"라고 말하면서 양동이를 팽개치고 돌아설지도 모릅니다.

양동이를 놓친 곰은 자신도 놀라고, 미안하고, 당황스러울 것입니다. 이때 그것을 본 곰이 비난하는 말 대신 "어, 놓쳤네."라고 있는 그대로 사실을 말한다면, 그 말은 들은 곰은 어떻게 반응할까요? 화를 내거나 낙담하기보다는 "미안해."라고 자기 마음을 솔직하게 표현할 수 있을 것입니다. 이렇게 관찰하는 말하기는 본 것, 들은 것을 그대로 전하므로 말하는 사람의 마음이 차분해집니다. 듣는 사람도 그 기운을 느끼고 편안한 마음으로 내용에 귀를 기울이게 됩니다.

관찰은 이렇게 바깥을 보기도 하지만, 내 마음을 들여다보는 것이기도 합니다. 어떤 사람이나 사실에 대해 '내가 어떤 평가를 하고 있는가.' 하고 자신을 살피는 것 역시 관찰입니다. 다음은 한 학생이 들려준 이야기입니다.

친구와 함께 출장 뷔페 아르바이트를 한 적이 있어요. 아침 여섯 시에 일어나 서둘러 약속 장소에 가 보니 다른 사람들은 이미 도착해서 음식과 집기를 나르고 있더라고요. 그중에 우리 또래 애들이 두 명 있었는데, 그 애들은 새벽에 본사로 가서 그 짐들을 싣고 왔다고 했어요. 깜짝 놀라서 "집에서 언제 출발했냐?" 하고 물어보니 본사 가까이 있는 PC방에서 자다가 새벽 네 시경에 일어나서 왔다고 하더라고요. 왜 PC방에서 잤는지 궁금했는데, 일하다 보니 친해져서 그 사연을 알게 됐어요. 두 친구 모두 가출해서 잘 곳이 마땅치 않아 본사에서 가까운 PC방에서 잔다고 했어요.

그날 하루 함께 일을 하는데 일에 익숙한 그 친구들이 많이 도와줬어요. 출장 뷔페 일은 강도가 세서 정말 힘이 들었는데, 저보다 체격도 왜소한 친구들이 그렇게 힘든 일을 계속한다는 것이 안쓰러웠어요. 함께 간 친구하고 저는 그날 하루만 하고 그 일을 그만뒀거든요. 거기서 만난 친구들이 그렇게 힘든 일을 하고도 제대로 먹지도, 자지도 못한다는 것이 무척 안타까웠어요. PC방 환경이 많이 안 좋거든요. 대부분 지하에 있어 눅눅하고, 담배 냄새가 배어 있고, 밤새도록 불도 환하고 게다가 시끄러운 소리, 전자파까지……. 그런 곳에서 의자에 앉아 불편한 자세로 잘 모습을 떠올리니 가슴이 아팠어요. 그래서 집으로 돌아가는 게 어떠냐고 물었는데, "혼나는 것보다 차라리 PC방이 나아."라고 하더라고요.

그 친구들을 만나기 전까지는 가출하고 끼리끼리 어울려 다니는 아이들을 보면 시선이 곱지 않았었는데, 제 생각이 달라졌어요. 그 친구들도 사랑과 돌봄이 있어야 하는 나와 다를 바 없는 아이들이라는 생각이 들었기 때문이에요. 그리고 삶에는 환경이 끼치는 영향이 크다는 것도 깨달았어요. 만약 그 친구들이 나와 같은 환경에서 태어나고 자랐다면 지금 나처럼 지내고 있을 테니까요. 어떤 사람의 속사정을 알지도 못하면서 이런저런 말을 했던 것이 미안했어요. 그 친구가 이렇게 말했어요. "나를 따뜻하게 맞아 주는 사람은 친구들

밖에 없어."라고요. 그 말이 너무도 가슴 아팠어요. (17세 남학생)

여러분도 이 학생처럼 가출한 친구들을 보는 경우가 있을 것입니다. 그런 친구들을 보면 어떤 생각이 드나요? '재는 가출했으니까 불량한 아이일 거야.'라고 생각하나요? 어떤 상황에 부딪히면 우리는 평가하거나 판단하는 말을 먼저 하기 쉽습니다. 하지만 그런 순간에 숨을 고르고, 내가 상대를, 사건을 어떤 눈으로 보고 어떻게 말하고 있는지 스스로를 살펴보시기 바랍니다. 찬찬히 마음을 들여다보면, 관찰한 사실과 그에 대한 평가를 구분할 수 있습니다.

있는 그대로 바라봐요

관찰에는 두 가지 종류가 있습니다. 하나는 카메라의 초점을 바깥에 맞추어 내가 하고 있는 말이나 행동, 다른 사람이 하는 말이나 행동을 보는 것입니다. 예를 들어 엄마가 "그만 들어가서 공부해."라고 말씀하실 때 내가 어떻게 말하고 행동하는지를 그대로 보는 것이지요.

다른 하나는 초점을 안으로 돌려 내 마음을 보는 것입니다. 엄마가 "그만 들어가서 공부해."라고 말씀하실 때 내 안에서 일어나는 반응을 보는 것입니다. 그러면 '엄마가 저렇게 말하니 짜증 난다. 나도 성적이 떨어져서 신경 쓰고 있는데.' 하는 그 순간의 생각과 느낌을 봅니다.

이렇게 바깥 상황과 내 마음을 있는 그대로 보고, 그것들을 말로 표현해 보기를 바랍니다. "엄마, 나도 성적이 떨어져서 걱정하고 있어요."라고요. 습관적으로 튀어나오는 말과 행동을 되풀이하지 않으려면 내 마음을 들여다보고, 내가 어떻게 말하고 행동하는지를 관찰하는 태도가 필요합니다. '지금 내가 이렇게 말하고 행동하고 있구나.' 하고 바라봅니다. 또, 다른 사람이 하는 말이나 행동에 대해 어떻게 반응하는지를 봅니다. 그런 다음 '지금 이렇게 말하고 행동하는 것이 진정으로 내가 원하는 것인가?'를 자신에게 물어봅니다.

관찰은 마음이 고요하고 평화로울 때 가능합니다. 우울하거나 화가 치미는 상황에서는 감정을 부풀리기 쉽습니다. 그래서 감정이 치솟거나 바닥으로 가라앉으면 상대가 더 못마땅해 보이거나 상황이 비관적으로 보이기도 합니다. 이런 상황에서는 판단이나 평가가 곧바로 떠오르므로 대화를 다음으로 미루는 것이 바람직합니다. 지금 내 마음이 들떠서 관찰이 불가능하다는 것을 인정하고 마음을 가라앉히는 데 힘을 기울이세요.

마음이 차분해지면 내가 어떤 눈으로 보고 어떻게 평가하고 있는지를 관찰합니다. 그러면 그런 감정이 일어난 것은 내 판단이나 해석의 틀로 봤기 때문이라는 것을 알 수 있습니다. 그런 판단이나 해석의 틀이 관계를 이롭게 하는지, 또는 해롭게 하는지 세밀하게 살펴봐야 합니다. 다음 예를 보면서 생각해 볼까요?

학교에서 친구 네 명과 친하게 지냈어요. 친구들 사이에서 불만스러운 일이 있으면 주희에게 그 불만을 털어놓곤 했어요. 그런데 어느 날 다른 친구들에게 말을 걸어도 친구들이 대답하지 않는 거예요. '이게 바로 왕따구나.' 하는 생각이 들어 덜컥 겁이 났어요. 카톡을 봤더니 "네가 친구들 욕을 하고 다니잖아."라고 적혀 있었어요. 저는 불편한 사실들을 말했을 뿐인데 그것을 전해 들은 친구들은 흉이나 욕으로 생각했나 봐요. 처음 그 글을 봤을 때는 '욕한 게 아닌데.' 하고 억울했지만, 돌이켜 보니 친구가 한 행동 그대로를 말한 것이 아니라 거기에 제 판단이나 평가를 얹었던 것을 알게 됐어요. "내숭이야.", "잘하지도 못하면서.", "걔는 왜 그렇게 나대냐?", "정말 얌체야." 등등 제가 했던 말들은 친구들을 제 기준대로 판단하는 말이더라고요. (15세 여학생)

상대방을 있는 그대로 바라보고 인정할 때는 마음이 편안합니다. 반대로 평가하는 눈으로 보고 있으면 마음이 들뜨거나 불편합니다. 특히 상대를 못마땅하게 보고 있으면 그와 같은 기운이 그대로 전달됩니다. 말의 내용보다 말속에 담겨 있는 감정이 더 크게 영향을 미치기 때문에 상대도 그 기운을 알아채고 반응하게 됩니다. 위 사례에 등장하는 학생이 다른 친구들과의 관계에서 갈등을 겪은 것은 평가하는 말과 그 말에 담긴 감정이 함께 전달됐기 때문입니다.

관찰은 판단과 평가라는 색안경을 벗는 것입니다. 색안경을 벗으면 예전에는 미처 보지 못했던 것을 보게 됩니다. 새로운 눈으로 찬찬히 관심을 두고 살피면 나에 대해서도 상대에 대해서도 보다 많은 것을 알게 됩니다. 알게 되면 이해하는 마음이 생기고, 이해하는 마음이 생기면 말과 행동이 달라집니다. 내 말과 행동이 달라지면 관계는 변합니다.

마음을 보는 현미경과 망원경

우리는 때로 마음을 들여다보는 데에 어려움을 겪기도 합니다. 마음의 길을 표현한 다음 시를 함께 읽어 볼까요?

여행

잘랄 아드딘 루미

여행은
힘과 사랑을
그대에게 돌려준다.

어디든 갈 곳이 없다면
마음의 길을 따라 걸어가 보라.
그 길은

빛이 쏟아지는 통로처럼

걸음마다 변화하는 세계.

그곳을 여행할 때 그대는 변화하리라.

시인은 마음의 길을 따라 걸어가 보라고 권합니다. 그 길은 걸음마다 변화하는 세계로 우리를 안내하고, 그곳을 여행하면 우리에게 힘과 사랑이 생긴다고 합니다. 틈나는 대로 마음의 길을 거닐어 볼까요?

마음의 길로 여행을 떠날 때 챙겨야 할 두 가지가 있습니다. 바로 현미경과 망원경입니다. 언제 현미경을 꺼내 드냐고요? 마음이 혼란스러울 때, 이걸 할까 저걸 할까 망설일 때, 심란할 때, 우울할 때, 불안할 때, 두려울 때, 속상할 때, 억울할 때, 멍할 때, 어리둥절할 때, 기가 막힐 때, 심심할 때 등입니다. 현미경을 꺼내 들고 마음의 길을 따라 천천히 걸으면서 그 길에서 일어나는 일들을 하나하나 살펴봅니다. 생각, 기억, 몸의 감각, 느낌을 만나면 그냥 가만히 바라봅니다. 마음이 가는 대상이 있으면 거기서 멈추고 어떤 말을 걸어오는지 들어 보시기 바랍니다. 다음은 현미경으로 자기 마음을 들여다본 학생이 들려준 이야기입니다.

엄마 친구는 방학이면 가족이 있는 곳으로 가서 내내 머물기 때문에 오랫동안 집을 비워 두셨어요. 그래서 그분이 키우는 강아지를 방학 동안 우리 집에서 돌봐 주기로 했어요. 강아지는 주둥이가 길어서 이름이 '쭈둥이'였어요.

어느 날 쭈둥이랑 장을 보러 갔을 때였어요. 가게 문 앞에 있는 탁자 기둥에 쭈둥이 줄을 매어 놓고 장을 보고 나왔더니 쭈둥이가 보이지 않았어요. 주변을 살폈지만 어디에서도 쭈둥이 모습이 보이질 않았어요. 잠시 멍해졌다가 다음 순간 쭈둥이가 길을 잃었을까 봐 걱정되고, 못 찾으면 어떡하나 해서 가슴이 '쿵쿵' 뛰었어요.

상황이 상황인지라 어찌할 바를 몰라 허둥거렸어요. 그때 문득 현미경이 필요한 때라는 생각이 들었어요. 저는 마음속에서 현미경을 꺼내 들어 쿵쾅거리는 가슴에 갖다 대고 마음을 들여다보았어요. 소란한 소리가 잦아들면서 한결 마음이 차분해졌어요. 그리고 '물건을 맡기고 오던 길을 되돌아가 보자.' 하는 생각이 떠올랐어요. 천천히 오던 길을 되돌아 걸었어요. 평소 쭈둥이가 수풀 사이에 코를 들이박던 것이 떠올라 수풀이 있는 곳은 더 유심히 살폈고요.

그런데 그 어디에서도 쭈둥이의 모습은 보이지 않았어요. 순간적으로 '영 못 찾는 거 아닌가?'라는 생각이 들자 쭈둥이를 괜히 데려왔나 싶어 후회가 밀려왔어요. 커다란 파도가 덮치듯 갑자기 불안이 들이닥쳐 안절부절못했어요. 하지만 다시 현미경을 꺼내 들어 제 마음을 찬찬히 살피고 나니, 그 모두가 쭈둥이를 찾고 싶은 마음 때문이라는 것을 알았어요. 이 마음을 알아차리고 다시 쭈둥이를 찾는 일에 집중했어요. 이번에는 공원으로 가서 이곳저곳을 살폈어요. 그때 수풀에 코를 박고 있는 쭈둥이를 발견했어요. "쭈둥아!" 하고 불렀더니 쭈둥이는 바람처럼 제게로 달려왔어요. 얼마나 반가웠는지 몰라요. 쭈둥이를 꼭 끌어안았어요. (18세 남학생)

이 학생처럼 불안하고 초조한 순간에 현미경으로 마음을 들여다보면 자기가 무엇을 원하고 있는지를 알 수 있고 그 일에 집중할 수 있습니다. 그러면 망원경은 언제 필요할까요? 바로 어떤 일을 선택하려고 할 때입니다. 화가 나거나 마음이 급해서 어떤 말이 튀어나오려고 할 때, 무턱대고 행동으로 옮기고 싶을 때, 잠시 멈추고 마음속 망원경을 꺼내 듭니다. 이대로 말하고 행동한다면 앞으로 어떤 일이 일어날지 망원경을 통해 그 결과를 그려 보는 것입니다.

친구와 함께 강의를 듣기로 하고 기다리는데, 약속 시간에서 십 분이 지났는데도 친구가 나타나질 않았어요. "다 와 가니까 기다려."라는 말에 계속 기다렸는데도 친구의 모습은 보이지 않았어요. 그곳에서 강의실까지 가려면 다시 삼십여 분을 걸어야 하고, 강의 시간은 다 되어 가는데다 날은 덥지, 정말 짜증이 났어요. 그순간 울컥하는 마음을 가라앉히고 현미경으로 마음을 들여다봤더니 내가 얼마나 그 강의를 듣고 싶어 하는지 알 수 있었어요. 강의를 일 분이라도 놓치고 싶지 않았기 때문에 더욱 조바심이 났던 거예요.

이십여 분 후, 저쪽 길모퉁이에서 친구 모습이 보였어요. 화가 다시 솟구쳤지만, 심호흡하고 마음속에서 망원경을 꺼내 들자 지금 같은 기분이라면 어떤 말과 행동이 튀어나올지가 보였어요. 또 화를 낸다면 앞으로 어떤 장면이 펼쳐질지도 보였고요. 서로 서먹한 느낌으로 강의를 들으러 갈 것이고 그 영향으로 강의 내용도 많이 놓치게 될 거라는 생각이 들었어요. 제가 원하는 것은 편한 마음으로 강의에 집중하는 것이었어요. 그러자 화난 기운들이 스르르 잦아졌어요. 친구가 다가오자 "얼른 가자."라고 말했어요. 그러고 나서 생각해 보니, 친구가 늦게라도 와 준 것이 고마웠어요. 혼자 가는 것보다 친구랑 함께 가는 게 훨씬 좋으니까요. (17세 여학생)

화나고 짜증이 날 때 망원경으로 결과를 예측해 보면 말과 행동이 달라집니다. 오늘 하루 여러분이 다녔던 장소, 그리고 그곳에서 만났던 사람들을 떠올려 보세요. 어떤 일이 있었으며 그 일을 겪으면서 어떻게 말하고 행동했는지를 돌이켜 보세요. '이렇게 말하고 행동해야지.'라고 생각했던 대로 실천했나요? 아니면 습관대로 말하고 행동했나요?

여러분은 앞으로도 많은 사람을 만나고 여러 가지 일을 겪을 것입니다. 현미경과 망원경을 잘 활용해서 마음 길을 따라 거닐어 보고, 힘과 사랑을 말로 또 행동으로 나누기 바랍니다.

느낌을 말해요

느낌을 알아차려요

관찰을 말한 다음에는 느낌을 말합니다. 느낌은 어떤 자극을 접했을 때 몸과 마음에서 일어나는 반응입니다. 느낌을 표현한 글과 표현하지 않은 글에는 각각 어떤 차이가 있는지 알아볼까요?

학년 초에는 반 친구들끼리 서로 잘 어울리지 않았습니다. 그러다가 중간고사가 끝나고 나서는 반끼리 축구 시합을 벌이면서 저녁 늦게까지 놀았습니다. 틈만 나면 모여서 공을 찼고, 주말에도 시간이 되는 친구들은 모여서 축구를 했습니다. 비를 맞으면서 축구를 한 날도 있었는데, 비에 옷이 흠뻑 젖었습니다. 결승전을 할 때는 인터넷에서 단체로 똑같은 옷을 사서 입고 경기장에 들어서니 상대편 선수들이 기가 죽은 듯했습니다. 그날 시합에서는 페널티 킥으로 승부를 정하게 됐는데, 제가 첫 번째로 공을 찼습니다. 공이 들어갔고, 우리는 모두 얼싸안고 뛰었습니다. 친구들과 마음을 모으고 힘을 모았던 그 일이 가장 기억에 남는 일입니다.

윗글에는 사실만 나열되어 있고 느낌은 나타나 있지 않습니다. 이번에는 같은 상황에 대해 느낌을 담아 서술한 글을 읽어 봅시다.

학년 초에는 친구들끼리 서로 서먹서먹해서 잘 어울리지 않았습니다. 그러다가 중간고사가 끝나고 나서는 반끼리 축구 시합을 벌이면서 저녁 늦게까지 놀았습니다. 어찌나 재미있는지 틈만 나면 모여서 공을 찼습니다. 주말에도 시간이 가능한 친구들은 모여서 축구를 했는데 시간 가는 줄 모를 정도로 즐거웠습니다. 비를 맞으면서 축구를 한 날도 있는데, 비에 옷이 흠뻑 젖어 몸이 으슬으슬하기도 했지만 아랑곳하지 않고 운동장을 신나게 누볐습니다. 결승전을 할 때는 인터넷에서 단체로 똑같은 옷을 사서 입고 경기장에 들어서니, 가슴이 뭉클했고 힘이 불끈 솟았습니다. 우리 차림에 상대편 선수들이 놀라는 듯했습니다. 그날 시합에서는 페널티 킥으로 승부를 정하게 됐는데 제 순서가 첫 번째라 마음이 조마조마했습니다. 있는 힘껏 쳐낸 공이 들어갔고, 우리는 기뻐서 얼싸안고 뛰었습니다. 친구들과 마음을 모으고 힘을 모았던 그 일을 생각하면 가슴이 뭉클해집니다. (16세 남학생)

이 글에는 먼저 나온 글과는 달리 느낌이 표현되어 있습니다. 이 학생이 친구들과 축구 시합을 하며 얼마나 즐거웠는지, 관계가 어떻게 끈끈해졌는지 훨씬 잘 느낄 수 있지요? 관계에서 갈등이 생겼을 때도 내 생각만 전하다 보면 천길만길 서로 멀어질 수 있지만, 느낌을 말하면 상대방이 내 처지를 이해할 확률이 높습니다. 그래서 갈등 상황에서는 느낌을 말하는 것이 크게 도움이 됩니다.

정류장에서 버스를 기다리다가 어떤 학생을 본 적이 있습니다. 그 학생은 의자에 앉아 전화를 하고 있었는데, 목소리가 점점 커졌습니다. 그러더니 "왜 가만히 있어? 내 말을 무시하는 거야? 말이 말 같지 않아?"라고 말하면서 벌떡 일어났다 앉으며 소리를 질렀습니다. 그 학생은 무척 화가 나 있었습니다.

대화하다 보면 당황해서 적절한 표현이 떠오르지 않거나 생각이 정리되지 않아서 말문이 막히는 경우가 있습니다. 그런데 상대가 그 침묵을 '내 말을 무시하는 행동'으로 여겨 화를 낸다면 어떨까요? 아마 화가 나거나 마음이 움츠러들 것입니다. 그러면 대화를 이어 가기가 힘들어집니다.

만약 휴대 전화를 들고 소리치던 그 학생이 "대답을 못 들으니 답답해.(관찰+느낌) 네 생각이 어떤지 알고 싶어.(필요)"라고 말했다면 듣는 이는 어떤 반응을 보였을까요? 상대방은 왜 곧바로 대답을 못 했는지, 어떤 감정이나 생각 때문이었는지를 말할 것이고, 그 말을 들은 학생은 자기가 무시당했다는 오해는 하지 않았을 것입니다. 이렇게 내 상태를 관찰로 말하고 느낌을 전하면 상대방의 공감과 이해를 얻을 수 있습니다. 이제 느낌을 표현하는 말에 대해서 알아볼까요?

여러분은 언제 행복한가요? 그리고 그때는 어떤 느낌이 찾아오나요? 저는 친구들이랑 맛있는 것을 먹으며 얘기를 나눌 때 행복합니다. 그런 때 제 마음은 신나고 즐겁습니다. 제가 예를 든 것처럼, 여러분의 느낌에 대해 말해 볼까요?

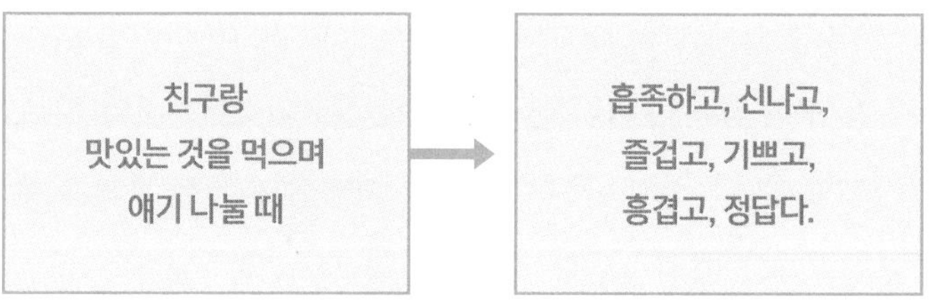

여러분은 언제 행복한가요? 그리고 그때는 어떤 느낌이 찾아오나요?

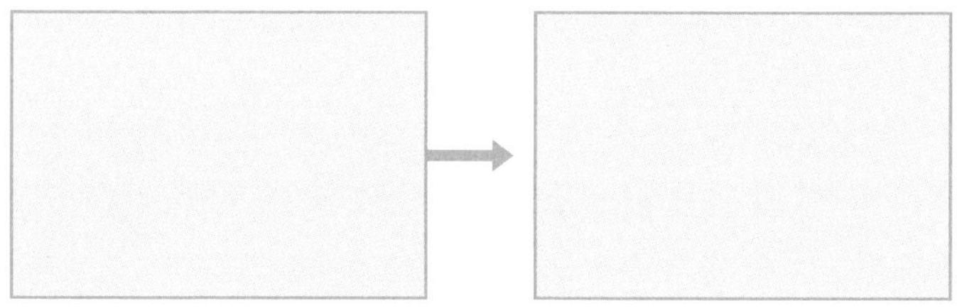

어떤 때 힘든가요? 그리고 그때는 또 어떤 느낌을 느끼나요?

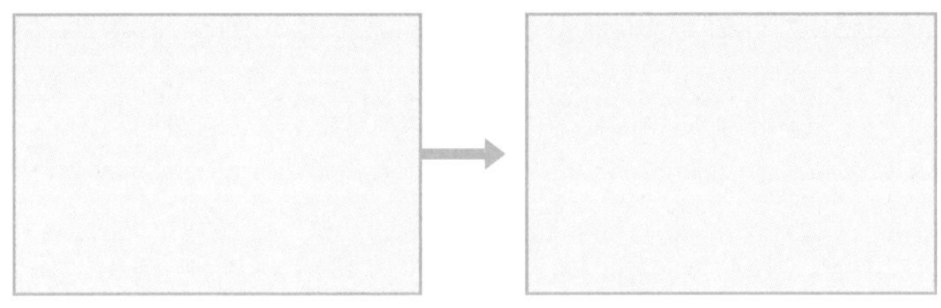

학생들에게 느낌을 물어보면 "좋아요.", "나빠요.", "모르겠어요.", "그저 그래요."라고 대답할 때가 많습니다. 느낌을 나타내는 말은 다양합니다. 설레는, 기쁜, 즐거운, 가슴 벅찬, 외로운, 슬픈, 섭섭한, 어리둥절한, 당황스러운 등이 모두 느낌을 표현하는 '느낌 말'입니다. 지금 어떤 느낌인지 잘 모를 때에는 머릿속에 어떤 생각이 떠오르는지 살펴보고, 몸에서 어떤 움직임이 일어나는지 보세요. 다음은 느낌을 통해 자신이 원하는 것을 찾은 학생이 들려준 이야기입니다.

다소 가라앉은 느낌은 '조금 불행하다.'라는 상태이고, 우울하고 기운이 없는 느낌은 '꽤 불행하다.'라는 상태를 뜻한다는 문장을 읽고 충격을 받았어요. 제 몸이나 마음을 보면 우울하고 기운이 없는 상태거든요. 그렇다면 저는 꽤 불행하다는 말이잖아요. 이대로 살면 매우 불행하다가 극도로 불행한 삶이 될 수도 있다는 생각이 들자, 마음속에서 '안 돼!' 하는 소리가 들렸어요.

'행복과 불행은 내게도 책임이 있다.'라는 말도 충격적이었어요. 왜냐하면 저는 우울한 것을 기질이나 환경 탓으로 돌렸거든요. 그런데 내 책임도 있다니! '좋은 것보다 싫은 것이 많으면 불행하다. 행불행은 거창한 것이 아니라 만족하면 행복이고 불만족하면 불행이다.'라는 말에 안심이 됐어요. 그 뒤부터 평소에 만족을 느끼는지, 불만을 느끼는지에 관심을 쏟고 있어요. 무엇인가 불만스러우면 저 자신에게 물어요. "어떻게 하면 만족스러울까?" 하고요.

그래서 배가 고프면 먹고 피곤하면 쉬어요. 조금이라도 먹고 나면 힘이 났고, 5분이라도 누워 있거나 눈을 감고 있으면 몸이 한결 개운해졌어요. 급한 일이 있을 때도 서두르지 않아요. 서둘러 했던 일은 불만족스러웠던 일이 많았기 때문이에요. 우리나라에서 건물마다 설치되어 있는 비상구를 중국에서는 '태평문'이라고 부른다고 해요. 마음이 급해질 때마다 이 이야기를 떠올리고 천천히 하려고 노력해요. 몸을 돌보는 것이 마음을 돌보는 것이라는 말을 실감하고 있어요. (16세 남학생)

우리는 몸을 통해서 느낌을 생생하게 경험합니다. 그러므로 몸에 주의를 기울이면 느낌이 일어나고 사라지는 것을 볼 수 있습니다. 몸에서 일어나는 변화를 통해 무엇이 필요한지를 알게 되면 감정을 조절할 수 있습니다. 앉아 있을 때도, 걸을 때도, 잠자리에 들 때도, 아침에 일어났을 때도, 틈날 적마다 몸 어디에서 어떤 느낌이 일어나고 있는지를 살펴보기를 바랍니다.

느낌을 말로 표현해요

여러분은 일상생활에서 어떤 느낌 말을 쓰고 있나요? 그리고 느낌 말을 쓰면 어떤 효과가 있을까요? 다음 시를 읽으면서 생각해 봅시다.

친구에게 화가 났다.
화가 났다고 말하니
화가 사라졌다.
원수에게 화가 났다.
화가 났다고 말하지 않았고
화는 점점 더 커져만 갔다.

영국의 시인이자 화가인 윌리엄 블레이크의 〈A Poison Tree〉라는 시의 일부입니다. 우리말로는 '독 나무' 또는 '독을 품은 나무'로 해석할 수 있는 제목의 시입니다. 시 속 화자는 친구에게 느낌을 말하니 그 느낌이 사라졌지만, 원수에게는 말을 하지 않았더니 그 느낌이 점점 더 커져만 갔다고 합니다. 느낌을 말하느냐 말하지 않느냐에 따라 우리가 느끼는 느낌의 강도와 상대방과의 관계가 달라질 수 있습니다. 다음은 갈등 상황에서 느낌을 표현해서 마음이 풀리는 것을 경험한 학생이 들려준 이야기입니다.

음악 프로그램을 보고 있는데 아버지가 옆 소파에 털썩 주저앉으시더니 채널을 다른 데로 돌리셨어요. 그래서 아버지께 "아빠, 저 보고 있어요."라고 말했어요. 그러자 아버지께서는 "쓸데없는 것 그만 보고 공부나 해."라고 말씀하시는 거예요. 좋아하는 가수가 나오는 장면이라 포기할 수가 없었어요. 그래서 "이것만 보고요."라고 말씀드리고 리모컨을 잡고 채널을 돌렸더니 아버지께서 "지금 뭐 하는 거야!"라고 버럭 소리를 질렀어요. 기분이 상한 저는 자리에서 일어나면서 저도 모르게 욕이 나왔어요.

그랬더니 아버지가 벌떡 일어나셨어요. 저는 재빨리 제 방으로 들어와 문을 닫아걸었어요. 아버지께서는 화가 나서 "문 열어!" 하고 소리치며 문을 마구 두드렸어요. "아빠, 한 번만 용서해 주세요."라고 말했지만 아버지는 "빨리 나와!"를 외치며 문을 더 세게 찼어요. 저는 "아빠한테 한 말이 아니었어요. 화가 나서 저도 모르게 나온 말이에요."라고 말했지만 아버지는 "당장 문 열어!"라고 소리칠 뿐이었어요. 제 말이 들리지 않는 것 같았어요. 문이 부서질 것 같아서 어찌나 무서운지 몸이 벌벌 떨렸어요. 그때 친구에게 이 상황을 알리고 어떻게 했으면 좋겠냐고 문자를 보냈어요. 친구로부터 "네 느낌을 그대로 말해 봐."라고 답이 왔어요. 그래서 아버지에게 "아빠, 저 지금 무서워요."라고 제 느낌을 말했어요. 그 말을 하는 제 목소리에는 울음이 섞여 있었어요. 그러자 문 바깥에 계시던 아버지의 동작이 멈췄어요. 저도 제 느낌을 말하고 나니 마음이 조금 진정되었어요. 화가 가라앉은 아버지께서는 이렇게 말씀하셨어요. "처음에는 '버릇없이 그게 무슨 말버릇이야. 단단히 혼을 내야지!'라고 생각하면서 방문을 부숴서라도 들어가려고 했는데, '아빠, 무서워요.'라는 울음 섞인 소리를 듣자 머리까지 뻗쳤던 열이 스르르 가라앉더라."라고요. (17세 남학생)

우리는 "왜 화를 내냐? 화내지 마라.", "왜 울고 그래? 울지 마라."라는 이야기를 듣기도 하고, 말하기도 합니다. 그런가 하면 화가 났다가도 금세 스르르 풀리기도 하고, 웃었다 울었다 하기도 하지요. 그런 변화에 대해서 '경솔하다.'든지 '변덕이 심하다.'라고 말하기도 합니다. 감정을 드러내면 '미숙하다.'든지 '유치하다.'든지 '어린애 같다.'라고 평가하기도 합니다. 그래서 "넌 감정적이야."라는 말은 현명하지 못하다는 뜻으로 쓰입니다. 이런 말을 자주 듣게 되면 느낌을 누르거나 말하지 않게 됩니다.

느낌을 말하지 않는 일이 계속되면 어떤 느낌이 일어나도 분명하게 알아채기 어렵습니다. 표현하지 못한 느낌은 몸 안에 그대로 쌓여 있다가 다른 상황에서 엉뚱한 방법으로 튀어나오기도 합니다. 그럴 때는 느낌을 조절하는 힘도 떨어지게 됩니다. '종로에서 뺨 맞고 한강에 돌 던진다.'라는 속담이 내 얘기가 되는 경험을 한두 번쯤 해 보았을 것입니다. 다음은 그런 예를 지켜본 학생이 들려준 이야기입니다.

마트에 물건을 사러 갔는데 시식 코너가 있었어요. 먹어 보고 판매하시는 분에게 궁금한 것을 물어봤는데 친절하게 답해 주시더라고요. 그런데 제 옆에 있던 분이 갑자기 큰 소리로 화를 내기 시작했어요. 자신이 음식 맛을 보고 "간이 너무 짜다."라고 했더니 그 판매원이 비웃었다는 거예요. 판매원은 "그러냐는 의미에서 그냥 웃었다."라고 말했지만 아주머니는 책임자를 부르라며 소리를 질렀어요.

결국 책임자가 와서 사과하면서 친절 교육을 시키겠다고 했지만, 아주머니는 "사과만으로는 안 된다. 징계해야 한다. 징계를 했는지 안 했는지 확인하겠다." 하고 우기시는 거예요. 이 모든 상황을 지켜보면서 그 아주머니의 화가 오래 묵은 것이라는 게 느껴졌어요. 자신이 지닌 분노를 엉뚱하게 판매하는 분을 향해 쏟아붓는 것이 보였거든요. 그 뒤로 화가 날 때면 스스로에게 물어봐요. '이게 과연 화를 낼 일인가? 내 안에 있는 화를 지금 상대에게 쏟고 있는 건 아닌가?'라고요. (17세 여학생)

느낌을 담당하는 뇌는 느낌 말에 반응합니다. 그리고 그 뇌는 우리 몸을 움직이는 엔진인 심장과 24시간 서로 통하고 있습니다. 사랑이 담긴 말을 하거나 들으면 마음이 따뜻해지고 몸에 긴장이 풀립니다. 반대로 비난하는 말을 하거나 들으면 몸이 긴장되고 심장이 뛰거나 얼굴이 붉어집니다. 몸과 마음이 하나라는 것을 말해 주는 현상이지요.

몸이나 마음이 힘들 때 머릿속으로 이런저런 생각을 이어 가면 고민하던 문제가 더 심각해지는 경우가 있습니다. 그럴 때는 머릿속 생각에서 몸으로 관심을 옮겨 보기 바랍니다. 몸 어디에 어떤 느낌이 있는가를 찾아보기 바랍니다. 그리고 그 느낌을 말로 표현해 보세요.

"몸이 무거워.", "머리가 띵해.", "목이 답답해.", "가슴이 찌릿찌릿해.", "어깨가 무거워.", "가슴이 답답해.", "배가 아파.", "화났어.", "슬퍼.", "미안해.", "온몸이 날아갈 듯해.", "가슴이 뻥 뚫렸어.", "속이 시원해.", "고마워." 같이 느낌 말을 많이 쓸수록 몸과 마음이 말랑말랑해지는 것을 느낄 수 있습니다. 앞서 말했듯이 느낌을 말하면 듣는 이가 내 상태를 이해하기 쉽습니다. 다음은 그것을 경험한 학생이 들려준 이야기입니다.

저는 부모님과 떨어져 기숙사에서 지내고 있어요. 때로 "기숙사 생활이 힘들어요."라고 하소연하면 부모님께서는 "너만 그런 거 아니야. 다른 애들도 다 힘들다."라고 하시거나, "그런 것도 참고 견뎌야지."라고 말씀하셔요. 하루는 엄마한테 몸살감기 같다고 하니 얼마나 아픈지 묻지도 않고 위로의 말도 없이 "보건실에 가라. 그래도 안 들으면 약 사다 먹어."라고 하시는데, 정말 서러웠어요. 그래서 제 몸 상태를 그대로 카톡으로 보냈어요. "머리가 어질어질하고, 눈이 따끔따끔하고, 코가 맹맹하고, 목이 칼칼해요. 몸도 으슬으슬해요."라고요. 그러자 금세 엄마로부터 전화가 와서 "걱정된다. 어떻게 하고 있니?" 하고 물으셨어요. 엄마 목소리에서 안타까움이 느껴지자 마음이 풀리더라고요. (14세 여학생)

어떤 상황에서 내 느낌을 알아채거나 상대방의 느낌을 알아주는 것은 부글부글 찌개가 끓어오를 때 뚜껑을 살짝 열어 더운 김을 빼 주는 것과 같습니다. 지금 내가 어떤 느낌인지 살펴보면서 스스로에게 "화가 났구나."라고 혼잣말을 하기도 하고, 상대에게 "화났어."라고 말해 보세요. 대화할 때 이렇게 느낌 말을 사용하면 어떤 효과가 있는지 직접 체험해 보시기 바랍니다.

느낌이 솟구치지만 상대에게 말하기 어려운 경우도 있습니다. 말로 표현할 자신도 없고, 표현해도 이해받기 어렵겠다는 생각이 들 때가 있지요. 그럴 때면 "속이 부글부글 끓어오르네." 하고 혼잣말이라도 해 보세요. 그리고 느낌을 바깥으로 내보내는 나만의 방법을 만들어 보세요. 노래를 부르거나, 소리를 크게 지르거나, 춤을 추거나, 공을 뻥 차기도 하고, 종이에 온갖 말을 다 써 놓고 조각조각 찢어서 휴지통에 넣어 보세요. 이미 여러분은 여러 가지 방법으로 느낌을 풀어내는 창의적인 활동을 하고 있는지도 모릅니다.

마음의 고속도로

누군가로부터 "넌 왜 그래?"라는 말을 들으면 머릿속에 어떤 생각이 떠오를까요? '뭐가 문제지?', '내가 뭘 잘못했나?', '내가 뭘 어쨌다고?' 등등 저마다 다른 생각을 떠올릴 테고 반응 역시 다를 것입니다.

자극을 받을 때 떠오르는 생각은 사람마다 다릅니다. 그런데 그때 찾아오는 생각은 거의 습관적이고 자동반사적이라고 합니다. 생각에 따라 느낌도 대강 정해져 있습니다. 학생들에게 "평소에 느끼는 느낌이 몇 가지인지 적어 보자."라고 했더니, 가장 많이 적은 학생이 열 가지였고 두 가지를 적은 학생도 있었습니다.

자극에 대한 생각이 느낌으로 또 행동으로 되풀이되면 습관으로 굳어집니다. 느낌을 다루는 뇌는 놀랐던 것, 무서웠던 것, 화가 났던 것, 슬펐던 것, 불안했던 것, 괴로웠던 것 등을 기록하고 저장해 둘 뿐만 아니라, 그 순간 자신이 보인 반응들까지 충실하게 간직합니다. 그래서 어떤 자극이 오면 그와 비슷한 반응을 되풀이하게 됩니다.

그렇게 되풀이하면 뇌에는 그 방향으로 길이 생깁니다. 비슷한 자극이 올 때 곧바로 그쪽으로 달리게 되지요. 그러면 고속도로처럼 그쪽으로 길이 뻥 뚫리게 됩니다. 평소 자극을 받으면 쉽게 화를 내고 상대를 비난하는 사람은 마음의 고속도로가 그 방향으로 나 있어서 자극을 받을 때마다 그렇게 말하고 행동합니다. 자극에 우울한 반응을 보이는 사람은 쉽게 위축되거나 슬퍼하게 되겠지요. 저의 경험을 한 가지 이야기해 볼까요?

저는 낮잠을 자고 나면 늘 마음이 울적했습니다. 그럴 때마다 음식을 찾아 먹었습니다. 배가 고플 때는 물론 배가 부를 때도 먹었습니다. 하지만 먹고 나서도 마음은 여전히 허전했습니다. 그리고 울적함의 강도가 점점 높아지면서 까닭 모를 슬픔으로 변했습니다. 그래서 낮잠을 자는 것이 두려웠습니다.

하루는 그 느낌들이 어떻게 변하는지 지켜봤습니다. 낮잠에서 깨면 허전하고 찜찜한 기분이 울적함으로 바뀌다가 슬픔으로 변해 갔고, 슬픔이 한동안 지속되다가 공허하고 외로운 느낌으로 남았습니다. '왜 그럴까? 아무 일도 없고, 생각도 없는데 왜 이런 느낌들이 솟아날까?' 하고 낮잠과 관련된 일을 더듬다 보니 어린 시절의 기억이 떠올랐습니다.

어린 시절, 낮잠에서 깨어나 울고 있는 어린아이 모습이 보였습니다. 깜깜하고 텅 빈 방 안에 아이는 혼자였습니다. 무섭기도 하고 허전하기도 해서 엄마를 부르며 울었지요. 그때 "재수 없게 왜 우냐?"라고 혼내는 외삼촌이 나타났습니다. 그 당시 느꼈던 무서움, 두려움, 허전함, 외로움, 공허함, 슬픔이 뇌에 깊게 새겨져 오랜 시간이 지난 뒤에도 낮잠과 함께 나타난 것입니다. 낮잠과 관련한 어린 시절의 기억을 떠올렸을 때, '그 당시 나에게 무엇이 필요했을까?'를 찾아보았습니다. 제게 필요했던 것은 어머니로 상징되는 사랑, 돌봄, 관심이었습니다. 그 기억을 찾고 난 뒤로 신기하게도 낮잠을 자고 일어나도 전처럼 우울해지지 않았고 음식을 마구 먹는 습관도 사라졌습니다.

위 예를 통해서도 알 수 있듯이 어떤 자극을 받을 때 자신이 어떤 생각을 하고 그로 인해 어떤 느낌이 일어나는지, 그래서 어떻게 반응하는지를 아는 것이 중요합니다. 화가 나거나, 슬프거나, 혼란스러워서 어찌할 바를 모를 때일수록 더욱 찬찬히 몸과 마음을 살펴보세요. 그러다가 과거의 특정 기억과 만나면 그때 느꼈던 느낌이 지금까지도 나를 흔들

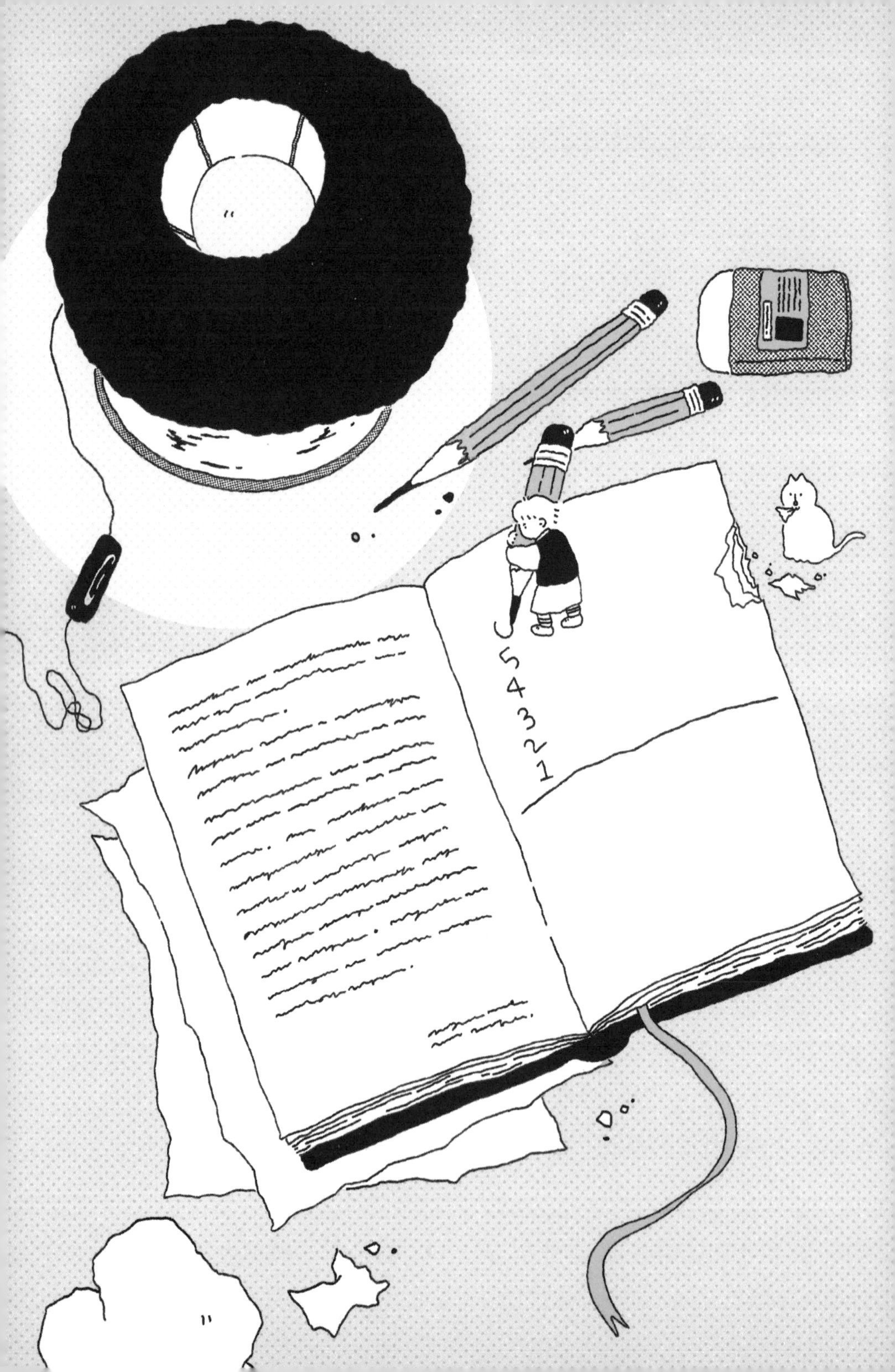
5
4
3
2
1

고 있다는 것을 알 수 있습니다. 그것을 알게 되면, 반사적으로 반응하는 횟수가 차츰차츰 줄어듭니다.

저는 사람들에게 서운함을 느껴서 자꾸 토라지는 것이 고민이었어요. 서운한 느낌이 들면 입을 다물고 마음의 문을 닫아 버리곤 했어요. 그래서 "누구랑 친하니?"라고 물으면 선뜻 친구 이름을 말할 수가 없었어요. 제 마음을 알아주는 친구가 없어서요. 그때 선생님께서는 서운한 마음이 들 때면 '느낌 일지'를 써 보라고 하셨어요. 그래서 선생님이 가르쳐 주신 대로 종이 한가운데에 가로로 긴 줄을 긋고, 그 줄을 기준으로 위에 있는 공간의 아래서부터 시작해 1부터 10까지를 세로로 썼어요. 그리고 숫자 옆에 필요로 하는 것을 충족했을 때 느낌을 적어 넣었고, 아랫부분에도 똑같이 1부터 10까지 쓰고 필요를 충족하지 못했을 때 느낌을 표시했어요. 그러고 나서 느낌의 강도에 따라 점의 높낮이를 정하고 그 느낌을 적었어요. 그리고 그 점들을 선으로 이어 봤더니, 물결이 위로 올라갔다가 아래로 내려갔다 하는 모양이 되더라고요. 선생님 말씀대로 '느낌 물결'이 그려졌어요.

'고마움, 우울함, 즐거움' 등 어떤 느낌이 일어날 때마다 그 느낌을 선 위아래에 표시했어요. 그리고 그 옆에 그런 느낌이 생길 때 어떤 생각을 했는지, 몸에서는 어떤 감각이 일어나는지도 적어 봤고요. 느낌 일지를 쓰기 전에는 이런 말들을 자주 했어요.

"너 때문에 열 받아."

"너 때문에 우울해."

"그 일 때문에 괴로워."

"그 일 때문에 불편해."

다른 사람이나 사건이 저를 힘들거나 우울하게 만든다고 여기면서 그 사람과 환경을 탓하는 말을 주로 했던 거예요. 그런데 느낌 일지를 쓰면서부터 제가 자주 느꼈던 서운함이 '조건 반사'라는 것을 알게 되었어요. 어떤 일에 부딪히면 곧바로 특정 생각들을 떠올리는 조건 반사를 하고 있었고, 그 생각들로 인해 서운한 느낌이 일어나고 있었어요. 하지만 느낌 일지를 쓰고 난 뒤로는 달라졌어요. 바깥에서는 어떤 일이 일어나고 있을 뿐이고, 그것을 평가하는 내 머릿속 생각이 그런 느낌을 만들고 있다는 것을 알게 됐으니까요. 그러고 나니 "시험 때문에 미치겠어."라고 말하는 대신, 시험에 대한 부담으로 '미치겠다고 생각하고 있구나.' 하고 알아차리게 되었어요. 요즘에는 느낌을 표현할 때 이런 말을 써요.

"내가 나를 힘들게 하는 생각을 하고 있구나."

"내가 나를 짜증 나게 하는 생각을 하고 있구나."

"내가 나를 우울하게 만드는 생각을 하고 있구나."

"내가 그 일 때문에 괴롭다고 생각하고 있구나."

"내가 그 일 때문에 불편하다고 생각하고 있구나." (16세 남학생)

위 사례를 이야기한 학생은 이제는 서운해지거나 괴로우면 어떤 생각을 하고 있는지를 찾아본다고 합니다. 다음은 느낌을 알아차려서 변화를 만들어 낸 학생이 들려준 이야기입니다.

누군가가 화를 내거나 꾸짖으면 속으로 '사납게 출렁이는 강물에 뛰어들 사람은 없다. 그 파도 속으로 뛰어들지 마라. 멈춰라.'라는 말을 떠올리라고 하셨잖아요. 선생님 설명을 들으면서 저도 누군가에게 화가 날 때는 그 사람이 미워서가 아니라 그 사람이 하는 어떤 말이나 행동 때문에 그렇다는 것을 알았어요. 그래서 누군가 저에게 화를 내면 '저 말은 나에 대한 것이 아니야. 자신이 원하는 것을 얻지 못해서 저러는 거야.'라고 생각하며 '다르게 반응해 보자.'라고 결심했어요. 하지만 잘되지 않았어요. 여전히 상대가 화를 내면 같이 화를 내거나 무서워서 아무 말도 못 하고 가만히 있곤 했지요.

그런데 어느 날 동생이 자기 간식을 먹었다고 저한테 화를 내면서 욕을 했어요. 저도 덩달아 "너도 저번에 내 것 먹었잖아."라고 말하며 짜증을 냈어요. 그러자 동생은 소리를 지르면서 더 심한 욕을 했어요. 화가 나서 같이 욕을 하다가, 문득 '사납게 출렁이는 강물에 뛰어들지 마라.'라고 하셨던 말씀이 떠올랐어요. 그래서 동생에게 "조금 있다가 얘기하자."라고 말했어요. 멈추라는 말을 실천한 거예요. 갑작스러운 제 반응에 동생도 가만히 있더라고요.

'화를 낸 장소에는 화의 기운이 있으니까 장소를 옮겨 봐.'라고 하셨던 선생님 말씀대로 방 안으로 들어와 생각해 봤어요. 동생이 저한테 말하기 전에는 제 기분이 좋았거든요. 그런데 동생 말에 갑자기 화가 나서 똑같이 욕을 하고 화를 냈던 거예요. 말도 없이 동생 간식을 먹어서 미안한 마음도 들었지만, '자기도 그랬으면서.' 하는 생각에 화가 났던 거지요.

이 경험으로 '감정 전염'에 대해서 알게 됐어요. '멀쩡히 있다가 동생이 화내고 욕한다고 같이 화를 내고 욕을 했단 말이지. 감정이 전염되는구나.' 하는 생각이 들었어요. 그러고 보니 저는 늘 다른 사람의 감정에 영향을 많이 받았어요. 엄마가 우울해하면 덩달아 시무룩해지고, 아빠가 화를 내면 같이 화가 나거나 불안정해지고……. 병에 전염될까 봐 조심하면서도 감정 역시 전염된다는 것에 대해서는 전혀 생각하지 못했던 거예요. 그 사건으로 더 이상 다른 사람의 감정에 휩쓸리지 말자고 다짐했어요.

동생과 그 일이 있은 뒤로 화가 났을 때 바로 말하거나 행동하지 않고 멈추는 일이 점차 늘어났어요. 내가 화가 났을 때도, 또 상대가 화를 낼 때도 마음속으로 스스로에게 말해요. '그만하자.' 하고요. 그러면 올라갔던 열이 내려와요. 참 신기한 일이에요. (15세 남학생)

고속도로는 목적지까지 빨리 가기 위한 도로입니다. 빨리 가는 것은 몸과 마음에 부담을 줍니다. 그래서 중간중간 휴게소가 있습니다. 느낌이 만들어 놓은 고속도로에 들어선 것을 알아채면 한번 멈춰 보세요. 그리고 그 느낌을 몸으로 느껴 보세요. 그때부터 변화를 향해 가는 새로운 길이 열립니다.

우리가 느끼고 생각하고 말하고 행동하는 것은 뇌와 관련이 있습니다. 어떤 자극이 오면 감정을 느끼는 뇌가 작용하여 화를 내기도 하고 울기도 합니다. 이때 자신이 어떤 상태인지를 알아차리지 못하면 그 느낌은 강도가 점점 높아집니다. 그러나 화가 치솟고 절망적인 순간에도 '지금 내 마음이 이렇구나!' 하고 알아차리면 뇌에서는 이제까지와는 다른 움직임이 일어납니다. 편도체에서 일어나고 있는 혼란을 전두엽 앞부분에 있는 뉴런들이 조용히 가라앉힙니다. 그래서 위로 폭발할 것 같은 화도 밑으로 가라앉고, 바닥으로 곤두박질치는 것 같은 절망감도 강물처럼 부드럽게 흘러갑니다.

이런 일을 하는 전두엽 뉴런의 활성화는 우리가 얼마나 자주 내 느낌을 알아차리고 보살피느냐에 달려 있습니다. 몸에 근육을 만들려면 꾸준히 운동해야 하듯이 마음에 근육을 만들려면 내 마음에서 일어나는 느낌을 자주 들여다봐야 합니다. 다음은 '행복 출석부'를 통해 종례 시간마다 느낌을 표현하는 어떤 학급의 이야기입니다.

조회나 종례 시간에는 전달 사항을 듣거나 집에서 작성해 온 서류를 제출하곤 했어요. 조회 시간도 그렇지만 종례가 길어지면 괴로워요. 종례 시간이면 아이들 눈은 유리창 바깥으로 향하고 발 한쪽은 벌써 의자 밖으로 나가 있거든요. 그래서 선생님이 종례를 길게 하시면 짜증이 나요.

그런데 새로운 담임 선생님은 '행복 출석부'를 부르겠다고 하시더니 느낌 말이 가득 적혀 있는 종이를 우리에게 주셨어요. 선생님이 이름을 부르면 우리는 그 종이에서 느낌을 찾아 번호로 답하라고 하셨어요. 처음에는 모두가 '참 특이한 분이셔.'라고 생각했는데 시간이 흐를수록 행복 출석부에 익숙해지고 있어요. '우울하다, 괴롭다, 짜증 난다…….' 이런 말을 하기가 힘든데 번호로 부르니까 어떤 느낌인지를 부담 없이 말할 수 있게 됐어요. 그리고 그렇게 느낌을 찾다 보니 평소에도 느낌에 관심을 갖게 됐어요. (19세 여학생)

내 안에서 일어나고 있는 생각이나 느낌을 보는 일은 마음을 보는 일입니다. 일어나고 있는 생각이나 느낌을 억누르거나 감추지 않고 담담하게 바라봅니다. 거울을 들여다보듯이 있는 그대로를 봅니다. 판단이나 평가 없이 그냥 가만히 생각이 흐르는 것을 지켜봅니다. 때로는 어떤 생각들로 인해 힘들고 아플 수도 있는데, 그런 느낌 역시 가만히 바라보고 있으면 차츰차츰 수그러듭니다. 웅성거리는 소리에 귀를 기울여 주면 조용히 잦아듭니다.

내 마음을 가만히 들여다보는 연습을 하다 보면 어느새 어지럽고 혼란스러운 마음이 정리되어 편안해집니다. 그런 경험을 거듭하다 보면 습관적으로 반응하던 마음의 고속도로가 새로운 방향으로 길을 냅니다.

그러면서 말과 행동이 달라집니다. 뇌에 새로운 연결망을 만드는 것, 곧 마음 근육이 만들어지는 것입니다.

친구가 생일 선물로 '걱정 인형'을 주었어요. 친구의 편지에는 '수지야, 네 근심 걱정을 몽땅 인형에게 털어놔. 인형에게 고민을 말하고 하룻밤 자고 나면 근심 걱정이 사라진대.'라고 쓰여 있었어요. 편지와 인형을 보자 친구의 마음이 전해져 와 코끝이 찡했어요. 저는 겁도 많고 걱정도 많아요. 그래서 어떤 일을 시작하려고 하면 두려움이 앞서요. 시작하고 나서도 '안 되면 어떡하지?' 하고 걱정하느라 보내는 시간이 많다는 것을 친구가 안 거예요.

친구 말대로 걱정 인형에게 고민이나 걱정을 털어놓았어요. 어떤 때는 화가 나고 어떤 때는 울음이 나왔어요. 그래도 몽땅 얘기하고 나면 속이 후련했어요. 하룻밤 자고 나면 그동안 했던 걱정이 우습게 느껴지기도 했어요. 이렇게 시간이 지나다 보니 앞일을 걱정하기보다는 '일단 시작해 보자.' 하는 마음을 갖게 됐어요. 그렇게 행동을 결정하고 나면 불안이 수그러들었어요. 그래서 이제는 나보다 걱정이 더 많은 엄마께 이 인형을 선물하려고 해요. (14세 여학생)

이 학생이 느꼈던 걱정과 불안, 두려움은 현재 겪고 있는 일보다 미래에 대한 것이었습니다. 그런데 스스로 그 느낌을 알아주고 행동을 결정하게 되자 그런 느낌들로부터 자유로워질 수 있었습니다. 자신이 가치가 없다고 생각되거나, 힘이 빠지거나, 화가 나는 것은 자신을 돌보지 않았기 때문입니다. 책을 보고 공부하듯이, 운동으로 근육을 만들듯이 느낌을 들여다보고, 알아주고, 표현하는 일들이 자신을 돌보는 일, 곧 마음 근육을 키우는 일입니다. 이러한 시간을 자주 가지면 마음 근육이 튼튼하고 강해집니다. 여러분도 마음 근육을 키워 보지 않을래요?

06

필요를 말해요

필요한 것에 관심을 기울여요

우리가 살아가려면 필요한 것들이 있습니다. 배가 고프면 음식이 필요하고, 몸이 피곤하면 휴식이 필요합니다. 우리는 자신이 필요로 하는 것을 충족하기 위해 말하고 움직이며, 또 계획하고 선택하면서 삶을 꾸려 나가고 있습니다.

'필요'를 다르게 말하면 '욕구, 원하는 것'이라고 할 수 있습니다. 우리가 말하고 움직이는 것은 모두 필요를 충족하기 위해서입니다. 필요는 생명을 이어 나가게 하고, 삶을 풍요롭게 해 줍니다. 그래서 내가 필요로 하는 것에는 어떤 것들이 있는지 아는 것이 중요합니다. 무엇이 필요한지 알아야 그것들을 충족하기 위한 수단이나 방법을 찾아볼 수 있기 때문입니다.

우리가 하는 말과 행동에는 필요가 충족되었을 때 하는 표현이 있고 충족되지 않아서 하는 것도 있습니다. 자신이 하는 말과 행동이 어떤 생각이나 느낌에서 비롯된 것인지 찬찬히 들여다보면 필요를 알 수 있습니다.

그래서 몸이 불편하거나, 마음이 불편할 때는 그 원인을 찾는 것도 방법이지만 그보다 먼저 '지금 나에게 무엇이 필요한가?'를 묻는 것이 더 중요합니다. 필요를 찾아 충족하면 몸과 마음이 풀리기 때문입니다.

다른 사람들이 하는 말이나 행동이 거슬릴 때 '저 사람은 왜 저러지?' 하고 못마땅해하기보다는 시선을 내 안으로 돌려 보기 바랍니다. '나는 저 사람이 어떻게 행동하기를 바라는 걸까? 그것은 나에게 무엇이 필요해서일까?' 같은 질문에 초점을 맞추면 필요로 하는 것을 얻을 수 있습니다.

원하는 것이 무엇인지 알게 되면 누군가를 탓하기보다는 그것을 충족하기 위한 수단이나 방법을 찾는 쪽으로 관심의 방향이 바뀝니다. 필요로 하는 것, 원하는 것, 하고자 하는 것에 관심을 기울일 때 그것을 찾을 가능성이 높아집니다. 다음은 자신에게 필요한 것을 분명하게 말하고 필요를 충족한 학생의 예입니다.

부모님이 이혼하시고 아버지는 중국으로 돈을 벌러 가셨어요. 그래서 저는 동생이랑 둘이 살게 됐어요. 아버지가 부쳐 주시는 돈이 떨어지면 굶는 날도 있었어요. 배고픔은 정말 참기 힘들었어요. 거리의 간판들, 가게들, 시장 어니를 봐도 온통 먹을 것만 보였어요.

내가 이런데 어린 동생은 오죽할까 싶었어요. 그렇지만 막막하기만 할 뿐 무엇을 해야 할지 알 수가 없었어요. 그래서 원하는 것을 종이에 써 봤어요. 이것저것 생각나는 대로 적어 보니, 저에게 가장 필요한 건 동생과 제가 세끼 밥을 확실하게 먹을 수 있는 곳이었어요. 그날부터 저는 누구든 만나면 그 말을 했어요. 어느 날 그 말을 전해 들은 한 친구가 지역 아동 센터에 대해 알려 줬어요. 지역 아동 센터에 가면 평일에는 저녁을 먹을 수 있고 주말에는 점심, 저녁까지 먹을 수 있다고요. 그래서 그곳을 찾아갔어요. 동생은 초등학생을 돌보는 지역 아동 센터로, 저는 중고등학생을 돌보는 청소년 센터로 갔지요. 이젠 아버지가 돈을 못 보내셔도 굶지 않고 다녀요. 밥 먹는 것을 해결하고 나니 힘이 생기고 용기도 생겼어요. 이젠 알아요. 필요한 것을 알면 방법을 찾을 수 있다는 것을요. 방법은 무수히 많다는 것도요. '두드려라! 그러면 열릴 것이다.'라는 말을 믿게 됐어요. 자신이 무엇을 필요로 하는지를 확실하게 알면 머뭇거리거나 망설이는 데 시간을 쓰지 않게 된다는 것도 알게 됐어요. (16세 여학생)

필요한 것이 무엇인지 깨닫고 그것을 충족하면 힘이 납니다. 스스로 그 방법을 찾기도 하지만, 누군가에게 도움을 청할 수도 있습니다. 필요한 것을 충족하면 내 안에 있는 힘을 의식하게 됩니다. 다른 사람과 도움을 주고받으면 서로 돕고 사는 존재임을 깨닫게 됩니다. 우리는 이렇게 필요를 충족하면서 나는 너에게, 너는 나에게 필요한 존재임을 알게 됩니다. 그래서 온 세상이 서로 연결되어 있음을 깨닫게 됩니다.

우리가 필요로 하는 것들

행복한 삶을 누리기 위해 무엇이 필요한지에 대한 생각은 아마 사람마다 다를 것입니다. 그렇지만 서로 어울려 살아가는 존재라는 점에서 공통적으로 필요한 것들이 있습니다. 어떤 것들이 있는지 함께 알아볼까요?

❶ 자율성

- 자기 결정, 선택, 자유, 자립, 사생활 존중

자율성이란 바깥의 구속이나 제약을 받지 않고 스스로 행동을 결정하는 것을 뜻합니다. 우리는 먹고 입는 것에서부터 인간관계, 진로 등 여러 가지 선택에서 자율성을 필요로 하는데 그것을 충족하기도 하고 충족하지 못하기도 합니다. 다음은 엄마가 네 살짜리 딸과 외출하려고 옷을 입히는 과정에서 나눈 대화입니다.

엄마: 이 옷 입자.

딸: 엄마, 이 옷은 안 이뻐. 저 옷 입을래.

엄마: 아니야. 이 옷 얼마나 이쁜데. 엄마 말 들어.

(옷을 입고 차에 탔다.)

엄마: 따뜻한 보리차 마셔. 엄마가 먹기 좋게 식혔어.

딸: 앗! 뜨거워. 엄마, 이것 봐. 엄마는 안 뜨거운데 나는 뜨겁잖아. 엄마가 이쁜 옷이 나는 안 이쁘다고…….

네 살 딸은 좋아하는 옷이 있습니다. 분홍색 계열, 레이스 달린 결이 고운 천을 선택합니다. 엄마는 아이의 취향을 인정해 주는 것이 좋을지, 다양성을 가르치기 위해 같은 옷만 입지 말라고 하는 것이 좋을지 고민합니다. 여러분이 대화 속 딸의 입장이라면 어떤 쪽을 선택하겠어요?

'이렇게 해라, 저렇게 해라.' 하는 지시에 따르는 것을 선택하겠어요? 스스로 여러 가지를 해 보는 쪽을 선택하겠어요? 우리는 탄생의 순간부터 드라마를 써 가고 있습니다. 그 드라마의 작가, 연출, 주인공은 '나'입니다. 말과 행동을 스스로 결정하고 선택할 때 주인인 삶이 가능하지요. 어떤 일을 스스로 할 때와 누가 시켜서 할 때는 어떻게 다를까요? 다음 글을 읽으면서 느껴 보세요.

담임 선생님께서 환경 미화를 해야 한다면서 함께할 사람이 있는지 물어보셨지만 손을 드는 아이들이 없었어요. 교실 앞뒤 게시판을 꾸미려면 시간이 꽤 많이 걸리니까요. 아이들이 시간이 없다고 하자 선생님께서는 모둠별로 하나씩 만들어 보자고 하셨지만 모둠

장을 맡겠다는 아이가 없었어요. 선생님은 알았다고 하셨는데, 화가 나신 듯했어요.

선생님께서는 3학년 누나들에게 도움을 받아 패널을 만드셨는데 사건이 벌어졌어요. 청소 시간에 대걸레를 가지고 무협지 싸움을 흉내 내던 아이들이 대걸레를 휘두르다 패널에 걸레 자국을 낸 거예요. 패널에 비닐을 씌우러 올라오셨던 선생님은 이 광경을 보자 눈물을 흘리셨어요.

12월 둘째 주 토요일이 되었을 때 친구 몇몇이 여러 가지 장식들을 비닐 주머니에 가득 담아 왔어요. 1학년이 얼마 남지 않았는데 담임 선생님께 고마움을 전하는 뜻에서 교실을 멋지게 꾸며 보자고 의견을 모았거든요. 대걸레 사건에 끼었던 친구가 제안한 것이었어요. 우리들은 일요일에도 학교에 나와서 색종이, 반짝이 줄, 셀로판지, 솜, 여러 가지 색의 알전구로 교실을 꾸몄어요. 교실은 크리스마스 분위기로 그득했어요. 월요일이 되자 교무실 앞에서 선생님을 기다렸다가 놀라지 마시라며 우리 반 교실 문을 "짜잔!" 하고 열었어요. 우리들 손에 이끌려 교실에 들어선 선생님은 또 눈물을 흘리셨어요. (14세 남학생)

우리는 어떤 일을 스스로 계획하고 해 나갈 때 신이 납니다. 이런저런 궁리를 하면 다양한 아이디어도 떠오릅니다. 일하는 과정에서 즐거움과 보람을 느낍니다. 그렇게 자기 마음을 다했을 때 결과가 어떻든 흔쾌히 받아들일 수 있습니다. 어떤 일을 즐겁게 하고 결과에 책임을 질 수 있는 것은 스스로 그 일을 선택했기 때문입니다.

❷ 신체 / 생존

- 공기, 물, 음식, 주거, 휴식, 잠, 신체적 접촉, 성적 표현, 자기 보호, 돌봄, 자유로운 움직임, 운동, 편안함, 건강, 치유, 회복

우리가 생존하기 위해서는 꼭 필요한 것들이 있습니다. 공기, 물, 음식, 잠, 휴식 등은 생명 유지를 위해 꼭 필요한 요소입니다. 그리고 누군가와 몸을 접촉하면서 나누는 따뜻함과 부드러움도 필요합니다. 우리는 다른 이와 더불어 살아가는 존재이기 때문에 다른 사람을 만나 정서적으로 친밀함을 나누고 체온을 나누며 '함께 있음'을 느끼고 싶어 합니다. 다음은 신체적 접촉이 우리 삶에서 얼마나 중요한지를 깨달은 학생이 들려준 이야기입니다.

고등학교에 들어가면서 학급 회장 선거에 나가기로 마음먹었어요. 선거 운동 기간에 공약을 알리기 위한 활동도 열심히 했지만 친구들을 만나면 먼저 악수를 청하고, 손바닥을 마주치고, 어깨를 주물러 주고, 안아 줬더니 이상하게 제 마음이 푸근해지고 따뜻해지는 거예요. 그렇게 체온을 나누고 나니 친구들과 더 정겨워지고 친해졌어요. 저도 모르는 사이에 진심으로 친구들에게 마음을 열고 다가가

고 있더라고요. 등교하거나 하교할 때 마주치는 친구들에게도 전보다 더 반갑게 인사해 줬고요. 선거 기간을 보내면서 '짧은 인사로도 이렇게 기분이 좋아지는데, 내 몸도 더 소중히 여겨 주자.' 하는 생각이 들었어요. 세수할 때, 샤워할 때, 비누칠할 때, 머리 감을 때, 몸을 닦을 때도 따뜻하고 부드러운 마음으로 제 몸을 대하다 보니 기분 좋은 변화가 생겼어요. '눈이 좀 컸으면, 근육 좀 있었으면.' 하고 제 외모에 불만이 있었는데, 차츰차츰 얼굴도 몸도 마음에 드는 부분들이 눈에 들어오는 거예요. 참 놀라운 일이에요. (17세 남학생)

필요로 하는 것을 충족하면 가슴 가득 충만감이 생겨납니다. 이런 충만감은 자신을 소중하게 여기는 마음을 북돋우고 다른 생명에 대한 존중으로 이어집니다. 단순히 내 필요를 충족하는 데서 그치는 것이 아니라, 다른 사람의 필요 역시 똑같이 소중히 여기는 것이 비폭력 대화에서 말하는 필요의 충족입니다.

❸ 사회적 / 정서적 상호 의존

- 나눔, 협력, 도움, 지원, 유대, 소통, 사랑, 관심, 우애, 친밀함, 정서적 안정, 공감, 연민, 이해, 수용, 지지, 위로, 배려, 존중, 감사, 인정, 신뢰, 소속감, 공동체, 참여, 받아들여짐, 공유

우리는 다른 사람과 더불어 살아가는 존재입니다. 내 삶이 가능한

것은 내가 아는, 또 알지 못하는 무수한 사람들의 힘이 보태져 있기 때문입니다. 다른 사람의 도움을 절실하게 깨닫게 된 이의 경험을 예로 들어 볼까요?

면접시험을 보러 가는 길이었는데, 길에서 갑자기 구두 굽이 부러졌어요. 시간이 빠듯해서 집으로 돌아갈 수도 없고 한쪽만 신은 채로 걸을 수도 없어 어찌할 바를 모르고 길에 서 있었어요. 얼마나 당황했는지 길거리에 주저앉아 울고 싶은 심정이었어요. 그런데 근처에서 노점상을 하시는 분이 제 모습을 보고 길모퉁이 한쪽에 구두를 수선하는 곳이 있다고 일러 주셨어요. 그분 덕분에 구두를 고칠 수 있었고, 시간에 맞춰 면접장에 도착할 수 있었어요. '다행이다!'라는 생각과 동시에 평소에 제가 그 길을 걸으면서 했던 생각이 떠올라 그만 얼굴이 달아올랐어요. 저는 평소에 '노점들이 없어졌으면.' 하고 생각했었거든요. 그날 지하철을 타고 면접 장소로 이동하면서, '이 세상 모든 존재는 어떤 방식으로든 내 삶에 이바지하고 있다. 그것이 내 눈에 보이거나 보이지 않을 뿐이다.'라고 수첩에 적어 넣었어요. (26세 여성)

태어나서 죽을 때까지 우리는 가족, 친구, 학교 등 여러 공동체를 경험합니다. 이런 공동체 안에서 영향을 주고받으며, 배우고, 성장합니다. 그 바탕을 이루는 것은 서로에 대한 사랑과 관심입니다. 가족이나 친구처럼 친밀한 관계에 있는 사람들과 사랑을 주고받기도 하지만, 위 사례처럼 처음 본 사람에게서 도움을 받기도 하고 도움을 주기도 합니다. 이러한 나눔이 있기에 공동체가 유지될 수 있지요. 다음은 그것이 얼마나 소중한지를 경험한 학생이 들려준 이야기입니다.

아침에 눈을 뜨면, '학교에 가야 한다.'는 생각에 가슴이 무겁고 답답했어요. '눈을 뜨지 않고 이대로 잠에 빠져 있을 수 있다면…….' 하고 기도한 날도 많았어요. 갑자기 저와 말을 끊고 뒤에서 수군거리는 친구들이 원망스럽고 화가 나고 무서웠기 때문이에요.

하루는 결석을 했는데 이튿날 제 자리에서 멀리 떨어진 자리에 앉아 있던 친구가 다가와서 물었어요. "아팠니?"라고요. 그 말을 듣자 저도 모르게 눈물이 떨어졌어요. 그 친구가 건넨 한마디 말에 용기를 얻어서 담임 선생님께 도움을 청했어요. 친구들과 서로 마음을 주고받는 시간을 갖고 싶다고요. 그럴 힘이 생긴 것은 한 친구가 보여 준 관심 덕분이었어요. (14세 여학생)

사람은 누구나 어디엔가 소속되기를 바랍니다. 친구들 사이에서 받아들여지고 인정받을 때 마음이 놓이고 힘을 얻습니다. 홀로 외로이 있는 친구에게 손을 내밀 때, 또 그 손길을 받을 때 눈에 보이지 않던 사랑이 그 모습을 드러냅니다. 사랑은 어디에 있을까요? 사랑은 사랑을 말로, 행동으로 드러내는 그 사람한테 있습니다.

선생님께서 모둠 활동을 한다고 했을 때부터 내키지 않았는데 우리 모둠원들이 누구인지 알고 나자 불만이 더 커졌어요. 다섯 명 중 두 명은 선생님들도 힘들어하는 애들이었거든요. 활동 계획을 짜고 함께 모일 시간을 의논하는데 두 아이는 입을 다문 채 가만히 있었어요. "의견을 말해 봐."라고 말을 걸어도 "별생각 없어."라고 하거나 "알아서 정해." 하고 입을 다물었어요. 그 말을 들을 때는 답답했는데, 걔들의 표정을 보니 불만스럽고 심드렁해 보이더라고요. 우리 셋이 자신들을 못마땅하게 여기는 것을 그 친구들도 느꼈나 봐요.

그때 선생님께서 알려 주신 망원경이 생각났어요. 앞으로 모둠 활동이 어떻게 펼쳐질지가 훤히 보였어요. 짜증 내고 화내고 서로 원망하다 선생님께 찾아가서 도움을 청할 수도 있고, 못하겠다며 손을 들 수도 있을 것 같았어요.

저는 기왕에 모둠 활동을 하는 거, 각자 맡은 몫을 하면서 재미있게 하고 싶었어요. 그러려면 어떤 결단이 필요했어요. "내가 모둠 대표를 맡아 엄마 역을 할게. 대신 싫은 소리 해도 너희들이 도와줄래?"라고 말했어요. 그러자 아이들 표정이 풀리면서 여기저기서 "그럼 누가 아빠 하냐?", "살살 해 주라.", "난 이모 할게.", "난 마마보이가 아니야." 하고 우스갯소리가 터져 나왔어요. 활동 기간 내내 아이들은 저를 '엄마'에서 '시엄마'로 바꿔 부르면서 놀려 댔지만 저는 그 별명이 자랑스러웠어요. 친근감의 표시라고 여겨졌거든요. 모둠 활동을 하면서 얻은 게 참 많아요. 친구들에게 설명하려다 보니 알고 있는 것으로는 불충분했고, 그래서 참고 자료를 뒤져 가면서 폭넓게 공부하다 보니 과제에 대해 더 풍부하고 확실하게 알게 됐어요. 공부도 공부지만, 못마땅하게 여겼던 두 친구의 새로운 면을 알게 되어 서로 웃고 지내는 것이 큰 수확이에요. (16세 여학생)

공동체는 다양한 사람들이 모여서 각자 색깔을 뿜어낼 때 풍요로워집니다. 끼리끼리 모이면 마음이 편할 수는 있지만 모임이 폐쇄적인 성격을 띨 가능성이 높습니다. 각자 다른 모습, 개성을 존중받을 수 있는 공동체가 조화롭게 발전할 수 있습니다. '나와 정말 다르구나.'라고 생각되는 친구들과도 한번 어울려 보세요. 그래서 삶의 지평을 확 열어젖혀 보시기 바랍니다.

❹ 놀이 / 재미

- 즐거움, 재미, 웃음

즐거움, 재미, 웃음은 삶의 윤활유입니다. 친구들과 만나서 재미나게 놀다 보면 시간 가는 줄 모릅니다. 이런 몰입이 우리를 행복하게 만드는 요소입니다. 일할 때도 즐거움과 재미를 느끼면서 하면 수고로움을 잊을 수 있습니다. 그렇게 하다 보면 어느새 그 일을 능숙하게 하는 자신을 발견할 수도 있지요. 진로를 결정할 때 흥미와 재미를 중요하게 여기는 까닭이 여기에 있습니다.

어떤 일을 하다 보면 즐거움이나 재미를 느끼기도 합니다. '작은 실천'에서 즐거움을 느끼게 된 한 학생의 이야기를 들어 볼까요?

게임을 할 때면 몇 시간을 해도 짧게 느껴졌어요. 게임이 끝나면 기분이 찜찜했고요. 왜 그런가 살펴봤더니, 불안한 마음으로 게임을 하고 있었기 때문이에요. 부모님 몰래 하거나, 부모님과 약속한 시간에 하더라도 부모님의 못마땅한 시선을 느꼈거든요. 부모님께서는 제가 게임을 하고 있으면 "언제부터 했냐?", "언제 끝낼 거냐?", "공부를 그렇게 열심히 해 봐라." 등 게임하는 것을 마땅치 않게 여기는 말씀을 하세요. 그래서 부모님께 부탁했어요. "게임을 편한 마음으로 즐기고 싶어요. 약속한 게임 시간 동안에는 다그치지 말아 주세요."라고요.

부모님은 제 부탁을 듣고 정해진 시간 동안 게임을 할 때는 아무 말 없이 지켜봐 주셨어요. 게임을 편한 마음으로 즐기게 되자 정말 신이 났고, 이 정도면 충분히 했다는 느낌도 들더라고요. 그러다 보니 왜 게임에 빠져드는지도 알 것 같았어요. 게임에는 작은 성취를 이루게 해서 그다음 과제도 수행하고 싶게 하는 중독성이 있었어요. 그 성취감이 게임에 빠져들게 하는 비법인 듯했어요.

그래서 요즘에는 어떤 일이든 계획을 아주 작게 잡아요. 예전에는 문제집 여섯 장 풀기를 계획했다면 요새는 반으로 줄여 세 장 풀기, 이런 식으로요. 부담이 줄어들자 어렵지 않게 목표를 이루고 차

냥이 너, 언제까지
게임할 거야?

근차근 성과를 얻게 됐어요. 요즘에는 목표를 이루는 재미에 푹 빠져서 재미있게 공부하고 있어요. '작은 실천'에서 즐거움과 기쁨을 느끼고 힘도 얻고 있어요. (16세 남학생)

사람들은 지루하고 힘든 것보다는 재미있는 것에 마음이 끌립니다. 해야 하는 일도 내가 어떤 필요 때문에 하는지를 알게 되면 '의무'에서 '흥미'로 변할 수 있습니다. 주번 활동을 '내 차례가 왔으니까.' 하는 것과 '학급 공동체의 일원으로서 친구들이 학교생활을 하는 데 기여한다.'는 생각으로 하는 것에는 큰 차이가 있습니다. 다음은 재미있는 상상으로 지루한 일상에 웃음을 만들어 낸 학생의 이야기입니다.

친구랑 둘이 평소에 엄마한테 어떤 잔소리를 듣는지 얘기해 봤어요. 둘이 듣는 소리가 비슷하더라고요. 엄마들이 하는 잔소리는 '치워라, 씻어라, 어른 말 들어라, 공부해라.' 등등 판박이처럼 똑같았어요. 서로 "언제까지 이런 잔소리를 들어야 할까?" 하고 한탄하다가, 문득 친구가 "안 치우고, 안 씻고, 말대꾸하고, 공부 안 하는 대회 만들어 볼래? 우리가 몇 등 하나?" 하고 말하는 거예요. 뚱딴지같은 소리였지만 그 얘길 들으니 그런 대회가 있으면 과연 내가 몇 등이나 할지 궁금해졌어요. 그래서 친구에게 "그런 대회를 열면 애들이 몰려올지도 몰라. 자기가 몇 등 하나 궁금해서. 근데 뭘 가지고 심사하냐?"라고 물었어요. 친구는 "그러게?" 하고 잠시 생각하더니, "어질

러진 방 사진, 말대꾸하는 대화를 녹음한 것, 성적표 등등 생각해 보면 많을 거 같은데?"라고 답했어요. 상상만으로도 웃음이 터졌어요. "참가비를 받아서 상품을 주는 거야. 상품은 잔소리를 듣지 않고 먼 곳으로 떠나서 푹 쉴 수 있는 여행 상품권이 좋겠다. 친구들하고 함께 갈 수 있도록 말이야." 친구랑 이런 상상을 하면서 우스갯소리를 주고받는 것만으로도 평소에 느끼던 스트레스가 확 풀리는 것 같았어요. (14세 남학생)

즐거움과 유머, 재미는 삶에 활력을 불어넣습니다. 긴장을 풀어 주고, 우리가 삶을 지속하고 새로운 일에 도전할 수 있도록 힘을 줍니다.

❺ 삶의 의미

- 능력, 기여, 도전, 자극, 발견, 명료함, 가치, 보람, 주관, 자기표현, 축하, 애도, 목표, 꿈, 열정, 성취, 성장, 배움, 생산, 숙달, 영감

'삶의 의미는 주어지는 것이 아니라 만드는 것이다.'라는 말이 있습니다. 그래서 그 의미는 사람마다 삶의 과정마다 달라집니다. 배움, 친구들과의 만남, 봉사 활동, 새로운 일에 대한 도전 등 다양한 활동과 경험에서 삶의 의미를 찾을 수 있습니다. 다음은 어머니의 대답을 듣고 행복을 느낀 친구의 이야기입니다.

국어 숙제가 부모님 전기문 쓰기였어요. 부모님에 대한 자료를 조사하려고 어머니께 "지금까지 한 일 중에 가장 보람을 느꼈던 게 뭐에요?"라고 여쭈었더니, "형이랑 너를 낳아 기른 일이지."라고 대답하셨어요. 저는 그 말을 듣고 "그건 엄마들이 다 하는 일이잖아요."라고 말했어요. 그러자 엄마는 "너희를 낳고 기르면서 생명이 얼마나 소중한지, 기르는 일은 또 얼마나 중요한 일인지를 깨달았기 때문이야."라고 말씀하셨어요. 그 말을 듣자 가슴이 뭉클했어요.

"그럼 시간을 되돌릴 수 있다면 언제로 가서 무엇을 하고 싶으세요?" 하고 여쭈었더니 "너희들 어렸을 때로 돌아가서 너희가 말하면 하던 일을 멈추고 그 말을 들어 주고 싶다."라고 하셨어요. "엄마는 못 말려!"라고 했지만 얼마나 행복한지 입이 귀에 걸리는 것 같았어요. 엄마가 우리 엄마여서 정말 행복해요. (15세 남학생)

위 이야기는 삶의 의미를 관계에서 찾은 예입니다. '삶에서 가장 중요한 것이 관계'라는 말은 우리에게 필요한 많은 것들을 인간관계에서 찾을 수 있다는 뜻입니다.

❻ 온전함

- 온전함, 성실성, 진정성, 현존, 일치, 개성, 자기 존중, 비전, 꿈

온전함이란 '아무런 결함 없이 본바탕 그대로'라는 뜻으로 풀이할

수 있습니다. 우리는 세상에 단 하나뿐인 존재로서 더 이상 보탤 것도 뺄 것도 없는, 존재 그 자체로 온전한 사람들이지요. 생긴 모습이나 성적, 또는 성격으로 자신을 높이거나 낮출 이유가 전혀 없는 소중한 존재들입니다.

제 어머니께서는 사고로 뇌에 손상을 입으셨습니다. 그 결과 말도 못 하고 걷지도 못하게 되셨습니다. 그런 어머니를 보고 저는 자신이나 다른 사람에게 '이랬으면, 저랬으면' 하고 바라는 것이 욕심이라는 것을 알게 되었습니다. 생명체는 각기 다른 모습으로 다른 특성을 갖고 있을 뿐이며 그 자체로 온전하다는 것을 깨닫게 되었습니다.

예전에는 '다른 사람 눈에 비치는 나'를 보면서 바라는 것이 많았습니다. '얼굴이 작았으면, 키가 165센티미터 정도였더라면, 정리 정돈을 잘했으면, 노래를 잘했으면' 등등. 이제는 다른 사람 눈이 아닌 제 눈으로 자신을 봅니다. 그래서 내 생긴 모습 그대로, 특성 그대로를 편하게 받아들이고 있습니다. 그리고 스스로에게 말합니다. '지금 이대로 충분하다.'라고요.

자신의 온전함을 믿고 원하는 것을 말로 행동으로 옮길 때 비로소 '나'로 사는 것입니다. 그렇게 나로 살 때 내 삶을 사랑할 수 있습니다.

❼ 아름다움 / 평화

- 아름다움, 홀가분함, 여유, 평등, 조화, 질서, 평화, 영적 교감, 영성

겉으로 보이는 아름다움에 주목하기 쉽지만, 아름다움과 평화는 내면과 바깥 조건이 조화를 이뤘을 때 가능합니다. 얼굴과 몸의 아름다움을 가꾸는 것에 몰두했다가, 마음의 아름다움에 관심을 갖게 된 학생의 이야기를 들어 볼까요?

저는 어릴 적부터 '아름다움'에 민감한 편이었어요. 어머니 말씀을 들어 보니, 울거나 떼를 쓸 때도 형은 먹을 것을 주면 좋아했고, 저는 예쁜 것을 주면 좋아했다고 해요. 사춘기에 들어서며 얼굴에 여드름이 나자 음식을 가려 먹기 시작했어요. 건강에 해롭다는 음식은 피하고 집에서 현미, 김치, 된장국, 나물 위주로 밥을 먹었어요. 피부에 좋다는 사과와 토마토도 꾸준히 챙겨 먹었고요. 또 근육을 키우기 위해 틈이 날 때마다 아령을 들고 운동을 하거나 팔굽혀 펴기를 했어요. 이렇게 외모의 아름다움에 민감한 저였는데, 여자 친구를 사귀어 보니, 아무리 예뻐도 함께 있을 때 마음이 불편하면 그 예쁜 얼굴도 빛을 잃게 되는 것을 알았어요. 반대로 함께 있을 때 마음이 편하면 그 사람이 달리 보였어요. (16세 남학생)

여러분은 어떤 아름다움을 가꾸고 있나요?

❽ 자기실현

- 성취, 배움, 생산, 성장, 창조성, 숙달, 목표, 가르침, 자각, 자기표현

자기실현이란 내 능력과 개성을 구체적인 모습으로 뚜렷하게 드러내는 것을 말합니다. 이 세상 사람들은 모두 얼굴이 다르고 지문도 다르다고 합니다. 일란성 쌍둥이라 할지라도 다릅니다. 인간이 개성적인 존재라는 것을 말해 주는 예이지요. 삶이란 자기 개성을 표현하는 활동입니다. 여러분이 하는 말, 표정, 동작이 모두 지기실현입니다.

『엉뚱이 소피의 못 말리는 패션』이란 책이 있습니다. 소피는 아름다운 것에 관심이 많고 그것으로 자신을 표현하는 것이 즐겁습니다. 특히 옷 입기에서 그런 특징이 두드러집니다. 소피는 그런 자기 마음을 표현하면서 "나는 시를 쓰는 것처럼 옷을 입는 거예요. 내 몸은 종이이고요, 두 손은 만년필, 스카프는 쉼표, 레이스는 말줄임표죠."라고 말합니다.

소피가 학교에 입고 오는 독특한 옷을 보고 선생님은 소피 부모님에게 편지를 보냅니다. '학교는 어디까지나 학교이지, 축제 장소가 아님을 충분히 고려해 주시기 바랍니다. 소피 부모님의 깊은 이해와 협조 부탁드립니다.' 하고요. 부모님은 답장을 어떻게 썼을까요? '소피는 전혀 남을 방해하는 아이가 아닙니다. 옷차림에 지나치게 신경을 쓰지 말아 주시면 고맙겠습니다. '교육'이란 '창의성'을 마음껏 발휘할 수 있게 하는 것이라고 믿습니다. 선생님도 이 점에 동의하시리라고 생각하며…….'

소피의 옷차림을 지적하는 선생님뿐만 아니라 친구들 역시 뒤에서 수군거리고 심지어는 앞에서 손가락질까지 하지만, 소피는 꿋꿋이 자기 표현을 합니다. 책이라서 가능한 이야기처럼 느껴지나요? 하지만 우리 주변에서도 남들과는 다른 독특한 자기 개성을 드러내는 또 다른 소피

들을 만날 수 있습니다.

한강 공원에서 색소폰을 부는 아저씨가 있었습니다. 그 아저씨의 음악에 맞춰 춤을 추는 할머니도 있었습니다. 두 분은 서로 몰랐던 사이라고 합니다. 한강에서 우연히 만나게 된 것이지요. 색소폰을 부는 아저씨는 마음껏 연주할 수 있는 장소로 그곳을 택했고, 춤추기를 즐기는 할머니는 그 음악에 맞춰 춤을 춘 것입니다. 산책하거나 운동을 하는 이들도 그곳에 모여 음악을 듣고 두 분이 하는 공연을 보곤 했습니다. 할머니는 춤추기가 끝나면 평상복으로 갈아입고 다시 일상으로 돌아갔습니다.

이 이야기에 등장하는 할머니와 아저씨는 춤을 추고 색소폰을 불며 자기를 표현하는 시간을 보냈습니다. 그런데 사람들 대부분은 자신을 표현하는 것을 주저하거나 망설입니다. '다른 사람이 나를 어떻게 볼까?' 하는 생각이 들어서입니다. 그런 경우 다른 사람에게 피해를 주는 일인지 아닌지를 따져 보고 행동으로 옮깁니다. 그리고 다른 사람이 하는 자기표현에 눈살이 찌푸려질 때 과연 그것이 내 삶에 실제로 어떤 피해를 주고 있나 헤아려 보시기 바랍니다.

다양한 표현 활동을 해 보면 미처 알지 못했던 자신을 새롭게 발견할 수 있습니다. 이제껏 해 본 적이 없던 것을 해 보는 것도 자아실현의 한 방법이라고 할 수 있습니다.

필요를 알아주면 마음이 통해요

필요를 충족하기 위한 수단과 방법은 다양합니다. 예를 들어 배가 고플 때는 밥을 먹기도 하지만 떡, 미숫가루, 고구마, 빵 등을 먹기도 합니다. 원하는 것을 다양한 방법으로 충족할 수 있을 때 삶이 풍요로워집니다. 사랑을 표현하는 방법을 생각해 볼까요? 말, 문자, 편지, 악수, 팔짱 끼기, 포옹, 선물, 어루만져 주기, 함께 놀기, 등 밀어 주기, 발 마사지 해 주기, 맛난 것 해 먹기 등 수많은 방법이 있습니다. 원하는 것을 충족하는 수단이나 방법이 많을수록 행복을 느끼는 순간들이 많아집니다.

약속 장소에 가는데 시간에 여유가 있으면 마음이 느긋합니다. 지하철 문이 닫히려는데 뒤늦게 뛰어드는 사람이 있어도 신경이 쓰이지 않지요. 반대로 시간이 빠듯하면 마음이 급합니다. 닫히던 문이 다시 열리고 급하게 뛰어드는 승객을 보면 순간 짜증이 나기도 합니다.

이처럼 느낌은 필요로 하는 것에 따라 달라집니다. 그것을 알게 되면 '내가 왜 이렇게 속이 좁지?'라며 자신을 탓하거나, '저렇게 끼어들고 싶을까?' 하고 다른 사람을 비난하지 않게 됩니다. 지금 나에게 필요한 것 그리고 그것을 충족할 수 있는 수단과 방법, 즉 '어떻게 하면 제시간에 도착할 수 있을까?'에 생각을 모으기 때문입니다.

모처럼 가족들끼리 여름휴가를 가기로 했어요. 어디로 갈지 의논하는데, 아빠는 온천욕을 할 수 있는 곳으로 가고 싶어 했고, 엄마는 집에서 쉬고 싶다고 했어요. 형은 바다, 나는 산으로 가고 싶다고 했고요. 원하는 곳이 다 다르니, 어떻게 해야 할까 고민하다가 모두가 만족할 수 있는 방법을 찾아보기로 했어요. 각자 무엇이 필요해서 그 장소를 원하는지 알아봤어요.

- 아빠는 건강을 위해 온천에 몸을 담그고 싶어 합니다. ⋯→ 건강
- 엄마는 푹 쉬려고 집에 있기를 원합니다. ⋯→ 휴식
- 형은 물놀이가 즐거워서 바다로 가고 싶어 합니다. ⋯→ 재미
- 저는 피부를 태우고 싶지 않아 산으로 가고 싶습니다.⋯→ 미용

누가	어디로/무엇을(수단, 방법)	필요(원하는 것)
아빠	온천욕	건강
엄마	집	휴식
형	바다	재미
나	산	미용

우리 가족은 의논 끝에 온천형 실내 수영장으로 갔는데, 각자 원하던 대로 휴가를 즐길 수 있어서 모두 만족스러워했어요. (15세 남학생)

필요를 충족하기 위한 수단이나 방법이 달라 갈등이 생길 때가 있습

니다. 이럴 때는 그 수단이나 방법을 통해 무엇을 누리고 싶은지 찾아보세요. 그러면 각자 무엇을 필요로 하는지를 알 수 있습니다. 필요를 알게 되면 함께 만족할 수 있는 방법을 찾기 위해 대화를 시작합니다.

학생들에게 "무엇을 원하나요?" 혹은 "무엇이 필요한가요?"라고 물으면, "잘 모르겠어요."라는 대답을 자주 듣습니다. 무엇을 필요로 하는지 의식하지 않은 채 습관적으로 말하거나 행동하기 때문입니다. 아침에 눈 뜨면 세수하고 밥 먹고 학교에 가고, 수업이 끝나면 학원에 가거나 과외를 받는, 반복되는 일상생활이 우리를 그렇게 만들기 쉽습니다. 하루하루가 어떤 의미인지 생각하지 않고 살다 보면 아주 사소한 일을 선택할 때도 '다른 사람들은 어떻게 하나?'를 보고 결정하기도 합니다. 필요를 의식하지 않아도 일상생활이 가능하기 때문입니다.

하지만 무엇을 원하는지 분명히 알고 그 필요에 따라 말이나 행동을 선택하는 것이 '내 삶'을 사는 길입니다. 자신에게 필요한 것이 무엇인지 알고 상대가 필요로 하는 것을 그만큼 소중히 여길 때 존중과 사랑이 꽃피어납니다.

저한테 '우정'이라는 낱말 뜻을 느끼게 해 준 친구가 있어요. 중학교 3학년 때 친구인 서연이에요. 서연이는 아빠랑 둘이 살고 있는 제 사정을 알고 많은 것을 챙겨 줬어요. 그중에서도 가장 고마웠던 것은 병원에 입원해 있는 아빠를 함께 찾아간 일이에요. 아빠는 병이 나서 병원에서 치료를 받게 됐어요. 그런데 저는 아빠가 어떻게 지내는지 궁금하면서도 찾아가고 싶은 마음이 생기지 않았어요. 아빠는 화가 나면 소리를 지르고 저를 때리는 일이 많았거든요. 서연이한테 이 말을 하자 함께 병원에 가 주겠다고 했어요.

서연이랑 함께 가니 마음이 놓이면서도 아빠를 만나 무슨 말을 해야 할지 막막했어요. 서연이한테 그 말을 했더니 서연이가 이렇게 말했어요. "네가 힘든 것처럼 아빠도 힘들 거야. '아빠, 힘들지?' 하고 말해 봐." 그 말을 듣자 가슴이 울컥했어요. '아! 아빠도 힘들었구나!' 하는 생각이 들어서요. 아빠가 밉고 무섭기만 했는데 가엾고 불쌍하게 느껴졌어요.

아빠를 만나서 서연이가 일러 준 대로 "아빠 힘들지?"라고 말하자 눈물이 핑 돌았어요. 휠체어에 앉아서 불편한 표정으로 저를 바라보던 아빠가 갑자기 휠체어 방향을 돌려 저쪽으로 가 버렸어요. 그때 아빠 눈에 고인 눈물을 봤어요. (17세 여학생)

이 학생은 친구의 도움으로 아빠의 마음을 알아줄 수 있었습니다. "아빠, 힘들지!"라는 한마디 말에 아빠도 딸도 마음이 녹았지요. 내 필요를 알아주고 상대방의 필요를 알아줄 때 가슴 속에서 피어오르는 따뜻한 기운! 그것이 우리를 살아 움직이게 하는 힘입니다.

제대로 부탁해요

강요하지 않고 부탁해요

지금까지 살아가는 순간순간 우리가 무엇을 필요로 하는지 알아봤습니다. 그것들을 스스로 충족할 수도 있지만 다른 사람의 도움이 필요한 때도 있습니다. 그럴 때는 어떻게 하면 될까요? 예를 들어 친구가 간식을 먹고 있을 때 "맛있니?"라고 물었다면, 질문한 사람은 무엇이 필요해서 그렇게 말했을까요? 그리고 그 말을 들은 친구는 어떻게 해석했을까요? 만일 그것을 먹고 싶다면 "맛있니?"라고 묻기보다 "나도 먹고 싶어."라고 말하는 것이 낫습니다. 원하는 것을 분명하게 말할 때 상대가 그것을 제대로 알아들을 가능성이 높습니다.

국제적 평화 단체인 비폭력대화센터의 설립자인 마셜 로젠버그는 우리가 하는 말속에 담긴 뜻은 '부탁'과 '감사' 두 가지뿐이라고 말합니다. "시간 있니?", "운동하러 갈래?", "스타킹 있니?", "돈 있어?"라고 묻는 것에는 '부탁'의 뜻이 담겨 있고, "도착했네.", "다 했구나.", "많이 기다렸네.", "벌써 준비를 마쳤네."라는 말속에는 '감사'의 뜻이 담겨 있는 거지요. '부탁합니다.'와 '고맙습니다.'를 분명하게 말할 수 있다면 다른 사람이 하는 말에서도 그 뜻을 읽어 낼 수 있습니다.

부탁하기가 어렵다면 그것은 부탁과 강요를 혼동하기 때문입니다. 부탁했을 때 상대가 꼭 들어주어야 한다고 생각하거나, 상대가 거절해서 마음이 상한다면 그것은 부탁이 아니라 강요를 한 것입니다. 또, 부탁받은 사람이 부탁을 들어주지 않으면 비난을 받거나 처벌이 뒤따를 것이라고 생각하게 된다면 그것 역시 강요입니다.

두려움이나 의무감 또는 보상을 바라며 부탁을 들어준다면 진정한 관계를 맺기 어렵습니다. 그러니 부탁을 할 때는 '부탁하고 있나, 강요하고 있나'를 먼저 생각해 봅니다. 그리고 부탁을 들어줄 때 역시 두려움이나 의무감에서 하고 있는지, 보상을 바라고 있는지를 헤아려 보시기 바랍니다. 부탁하기를 공부할 때 하는 활동이 있습니다. '마법사 놀이'입니다. 한 사람은 마법사 역할을 하고 다른 사람들은 마법사를 찾아가서 부탁하는 놀이이지요. 이때 마법사는 특정 조건에 들어맞아야만 그 부탁을 들어 줍니다.

이 놀이에는 참가자에게 말하지 않은 비밀이 있습니다. 어떤 부탁이든 세 번 요청하면 그것을 들어준다는 규칙입니다. 놀이를 해 보면 한 번 부탁해 보고 포기하는 학생이 있고, 두 번째에 그만두는 학생이 있는가 하면, 포기하는 친구들이 늘어나는 것을 보면서도 세 번까지 시도하는 학생이 있습니다. 이 놀이는 부탁을 거절당했을 때 마음속에서 어떤 생각이 일어나는지 그리고 그때 자신이 어떤 태도를 보이는지를 알게 하는 데 의의가 있습니다.

부탁을 한두 번 해 보고 그만둔 학생들은 마법사의 거절을 자신에 대한 것으로 받아들여 마음이 상했다고 말했습니다. 그러나 세 번 부탁한 학생들은 거절당해도 그것을 부탁한 내용에 대한 거절로 여겨서 별다른 상심 없이 세 번까지 시도했다고 말합니다. 내용을 바꿔서 부탁한 학생도 있었고, 같은 내용으로 계속 부탁한 학생도 있었지만, 상대방이 나를 거절한 것이 아니라 내가 제안한 것을 거절했다고 생각했기 때문에 상처받지 않았던 것입니다. 이렇게 거절을 어떻게 받아들이느냐에 따라 내 마음에 생채기를 낼 수도 있고 스쳐 지나가는 바람으로 흘려보낼 수도 있습니다.

상대방이 내 부탁을 거절하면 '부탁을 들어주지 못하는 사정이 있나 보다.' 하고 상대방의 처지를 헤아리는 마음이 필요합니다. 그렇지만 막상 부탁을 거절당했을 때 이렇게 상대의 마음을 알아주기가 쉬운 일은 아니지요. 다음 예를 보며 같이 생각해 볼까요?

친구의 수행 평가를 도와줬어요. 자료를 조사하고 현장에 가서 사진을 찍고 보고서를 작성하는 작업이었어요. 시간이 꽤 많이 걸렸어요. 그런 일이 있고 난 뒤 이번에는 제가 수행 평가로 집의 내부 모형을 만드는 작업을 하게 됐어요. 만드는 것에 자신이 없어서 친구에게 도움을 청했어요. 그런데 친구가 일이 있어서 시간을 내기가 어렵다는 거예요. 저는 속으로 '내가 저를 얼마나 도와줬는데, 내 부탁을 거절해? 나도 앞으로는 도와주지 않을 거야.' 하고 다짐했어요. 화가 나면서 친구를 향한 마음이 싸늘해지는 것을 느꼈어요. 그런데 얼마 지나지 않아 친구로부터 카톡이 왔어요. 부모님이 갈등이 심해져서 아버지가 집을 나가셨대요. 그래서 마음이 무척이나 복잡했고 힘들었대요. 문자를 보자 친구에게 미안한 마음이 들었어요. 친구 사정도 모르고 마치 거래처럼 '내가 널 도왔으니 너도 날 도와야지.' 라고 생각했던 제가 부끄러웠어요. (17세 남학생)

위 학생은 부탁을 거절당했을 때 화가 나고 서운했습니다. 서운한 감정이 크다면 그만큼 부탁하는 내용이 절실했던 것이고 상대에게 거는 기대가 높았다는 뜻입니다. 그 기대는 그동안 나눴던 우정이나 사랑이 돈독했다는 의미이기도 합니다. 이런 경우 서운하고 화나고 실망스러운 내 마음을 먼저 알아줍니다. 그런 후 마음이 풀리면 원하는 것을 충족하기 위한 다른 방법을 찾아보세요. 그런가 하면 친구가 하는 부탁이 고맙게 느껴질 때도 있습니다. 그 부탁을 기꺼운 마음으로 들어줄 수 있을 때입니다.

운동하다 심하게 다쳐서 피가 흘렀어요. 공교롭게도 부모님은 멀리 있는 친척 집에 가셨고 형은 수련회에 갔기 때문에 집에는 아무도 없었어요. 게다가 밤 열 시가 넘은 시각이라 약국도 문을 닫았어요. 친구들에게 "다쳤어. 거즈하고 소독약하고 붕대 좀 갖다줄래?"라고 문자를 보냈어요. 그러자 한 친구가 그것들을 구해 왔어요. 약국들이 문을 닫아서 자전거를 타고 멀리까지 가서 간신히 구할 수 있었다고 했어요. 그 친구는 특별히 친하지도 않았고 같은 반도 아니었는데 그렇게 달려와 줘서 깜짝 놀랐어요. 가슴이 뭉클해지면서 코끝이 찡했어요. 그 친구는 "네가 얼마나 당황하고 겁이 날까 생각하니 페달을 빨리 밟게 됐어."라며 "너를 도울 수 있어서 기뻐."라고 했어요. 그 말을 듣자 정말 고마웠어요. (18세 남학생)

부탁을 기꺼운 마음으로 들어줄 수 있을 때 서로가 행복합니다. 그렇게 되면 부탁은 서로에게 건네는 정겨운 선물이 되지요. 이렇게 우리는 누군가로부터 부탁을 거절당해 마음이 상하기도 하고, 들어줄 수 있어서 기쁨을 느끼기도 합니다. 선물을 주고받으려면 부탁하고 있는지 강요하고 있는지, 부탁을 하고 있다면 어떻게 하고 있는지를 살펴보시기 바랍니다.

연결 부탁과 행동 부탁

부탁의 유형에는 두 가지가 있습니다. 대화를 위한 '연결 부탁'과 구체적 행동을 요청하는 '행동 부탁'입니다. 연결 부탁은 상대방을 대화에 초대하는 부탁입니다. 내가 한 말에 대해 상대방의 의견을 묻는 형식이지요. 상대방에게 "내가 한 말에 대해서 어떻게 생각하니?"라고 물어보는 것입니다. 부탁할 때는 연결 부탁으로 대화를 시작해서 상대방의 상황이나 처지를 알고 난 다음 행동 부탁을 하는 것이 바람직합니다.

친구들이 놀이공원으로 놀러 가자고 했어요. 가고 싶지만 시험이 다가오고 있고, 비용도 부담스러웠어요. 그런 경우 대개는 입을 다물고 있거나 "안 갈래."라고 했었는데 이번에는 부탁을 했어요. "시험이 다가와서 부담스러워. 끝난 후에 가고 싶어. 너희들은 어떻게 생각해?" 하고요. 그러자 친구 중 한 명이 자신도 그렇다면서 시험이 끝나고 놀러 가자고 했어요. 내친김에 "비용도 부담스러워. 다른 곳으로 갔으면 하는데 어떻게 생각해?"라고 물었어요. 이번에도 제 의견에 동조하는 친구가 있었어요. 한 친구는 자기가 하고 싶은 말을 꺼내 줘서 고맙다고 했어요. 우리는 시험이 끝난 다음에 다시 의논해서 결정하기로 얘기를 끝맺었어요. 제 사정을 이해해 주는 친구들이 고마웠어요. 앞으로는 친구들에게 더 편하게 얘기할 수 있을 것 같아요. (16세 남학생)

위 학생이 "안 갈래."라고만 했다면 그렇게 말하는 학생도 마음이 불편하고, 친구들도 서운함을 느꼈을 것입니다. 하지만 자신이 가지 않겠다고 하는 이유를 밝히고 친구들의 생각도 물었기 때문에 서로 의견을 나눌 수 있었습니다. 이렇게 연결 부탁으로 말하면 내 의견이 부드럽게 전달되고 상대방 의견도 편안하게 들을 수 있습니다. 대화 중 연결 부탁을 하면 화제에 대해 골고루 의견을 나눌 수 있습니다.

또한 내가 한 말을 상대방이 어떻게 들었는지 알고 싶을 때도 연결 부탁을 합니다. "내가 한 말을 어떻게 들었는지 말해 줄래?" 하고 요청하는 것입니다. 이런 말을 하기가 쉽지 않다는 친구들도 있습니다. 그렇지만 중요한 사항이거나 오해가 생길 수 있는 상황일 때는 이와 같은 확인이 필요합니다.

소풍을 가는데 친구랑 만나서 함께 가기로 했어요. 친구한테 지하철을 갈아타야 한다고 말하니 어리둥절해하는 거예요. 저는 소풍 장소를 어린이대공원으로 알고 있는데 친구는 서울대공원으로 알고 있었어요. 제 의견에 따라 어린이대공원으로 갔는데 우리 학교 아이들 모습이 보이질 않았어요. 그래서 다른 친구한테 전화해 봤더니, 장소가 서울대공원이었어요. 제가 잘못 알고 있었던 거예요. 그 일이 있고 난 뒤로 담임 선생님께서는 조회나 종례 시간에 중요 사항을 꼭 확인하셨어요. 선생님께서 누군가를 가리키며 "방금 내가 한 말에서 중요한 사항만 요약해서 다시 말해 볼래?"라고 하시는 말씀을 자주 듣게 됐어요. (14세 남학생)

내 뜻을 제대로 말하기도 어렵지만 다른 사람이 하는 말을 제대로 이해하는 것 또한 쉽지 않습니다. 자신이 전달하고자 하는 뜻을 정확하게 전달하지 못하는 경우가 있는가 하면, 제대로 전달했어도 상대가 다르게 듣는 일도 있습니다. '말이 오해의 근원'이라고 하는 까닭이 여기에 있습니다. 그래서 "제가 한 말을 어떻게 들었나요?"라고 물어보는 것이 필요합니다. 듣는 이의 입장일 때는 "제가 이렇게 들었는데, 말씀하신 것과 일치하나요?"라고 확인해 봅니다.

이렇게 상대의 상황이나 의견을 알았으면, 행동 부탁을 합니다. 행동 부탁을 할 때는 다음 네 가지를 꼭 기억해 주세요.

❶ 구체적으로 말합니다.

"일찍 와라." 하고 말하기보다는 "여섯 시까지 올 수 있겠니?"라고 시간을 구체적으로 말합니다. '일찍'이라는 시간에 대한 기준이 서로 다르기 때문입니다. 다음 예들을 보면 구체적으로 말하는 것은 뜻이 분명한 행동 부탁이 된다는 것을 알 수 있습니다.

- 다음 주에 보자. ➡ 다음 주 화요일에 만나면 어때?
- 조금만 기다려. ➡ 십 분 정도 기다려 줄래?
- 저를 존중해 주세요. ➡ 저에 대한 일을 결정할 때 저도 의견을 말할 기회를 주시겠어요? ('존중해 달라.'라는 말은 추상적이므로 수단이나 방법, 곧 특정한 행동을 구체적으로 말하는 것이 효과적입니다.)

❷ 긍정적인 표현을 씁니다.

부정적인 표현은 상대방이 반감을 느낄 수 있으므로 아래와 같이 긍정적인 표현으로 부탁합니다.

- 늦지 마. ➡ 시간 약속을 지켜 줄래?
- 소문내지 마. ➡ 너만 알고 있어 줄래?
- 밥 안 먹을래? ➡ 밥 먹을래?

❸ 의문형으로 부탁합니다.

명령투로 하는 말은 강요로 들려서 저항감을 불러일으킬 수 있습니다. 그래서 상대방의 도움을 얻는 데 불리합니다. 의문형으로 부탁하면 듣는 이가 선택할 수 있기 때문에 존중받고 있다고 느낄 수 있습니다.

- 알려 줘. ➡ 알려 줄래?
- 이건 네가 해. ➡ 이건 네가 했으면 하는데, 어때?
- 떠들지 마. ➡ 목소리 좀 낮춰 줄래?

❹ 필요를 말하면 도움을 얻을 가능성이 높아집니다.

지금 자신에게 어떤 필요가 있는지 상대에게 전달하면 상대방 역시 거절하기에 앞서 그 부탁을 들어줄 수 있는 상황인지 생각해 보게 됩니다.

- 너랑 함께 먹고 싶어. 언제 도착할지 알려 줄래?
- 피곤해서 한 시간 정도 쉬고 싶어. 다섯 시부터 시작하면 어떨까?
- 도움이 필요해. 휴지통 좀 비워 줄래?

부탁 형식으로 이야기하더라도 다음과 같은 생각에서 말하면 강요로 들릴 수 있습니다.

- 여자는(남자는) ~해야 한다.
- 주번이 ~하기로 되어 있다.
- 어른은 마땅히 ~을 받을 자격이 있다.
- 내가 ~한 것은 정당하다.
- 부모는(자녀는) ~할 권리가 있다.

이런 말들은 그 사회의 문화적 조건이나 관습에서 나온 것입니다. 이런 생각을 갖고 말하면 부탁을 들어주는 것은 당연하고 들어주지 않는 것은 괘씸한 일이 됩니다. 그래서 행동 부탁을 할 때는 내가 어떤 생각에서 부탁하고 있는지를 먼저 살펴보고 말합니다. 그 말을 하는 이가 어떤 생각을 하고 있는지 느낌을 통해 상대에게 전달되기 때문입니다.

PART 3

나를 위한 비폭력 대화

공감하면 친해져요

그대로 들어 줘요

'공감' 하면 떠오르는 시가 있습니다. 바로 백석의 시 〈고향〉입니다.

고향

백석

나는 북관(北關)에 혼자 앓아누워서
어느 아침 의원(醫員)을 뵈이었다
의원은 여래(如來) 같은 상을 하고 관공(關公)의 수염을 드리워서
먼 옛적 어느 나라 신선 같은데
새끼손톱 길게 돋은 손을 내어
묵묵하니 한참 맥을 짚더니

문득 물어 고향이 어데냐 한다
평안도 정주라는 곳이라 한즉
그러면 아무개 씨 고향이란다
그러면 아무개 씰 아느냐 한즉
의원은 빙긋이 웃음을 띠고
막역지간이라며 수염을 쓸는다
나는 아버지로 섬기는 이라 한즉
의원은 또다시 넌지시 웃고
말없이 팔을 잡아 맥을 보는데
손길이 따스하고 부드러워
고향도 아버지도 아버지의 친구도 다 있었다

시인은 고향을 떠나 북관에서 혼자 앓아누워 있다가 의원을 찾아갑니다. 의원은 묵묵히 맥을 짚더니 고향을 묻습니다. 시인이 고향을 말하자 의원은 아무개 씨 고향이라고 말합니다. 시인이 아무개 씨를 아냐 물은 즉 의원은 친한 사이라고 말합니다. 시인이 아버지로 섬기는 이라 하자 의원은 가만히 웃고 맥을 짚습니다. 시인은 그 따스하고 부드러운 손길에서 고향, 아버지, 아버지의 친구를 느낍니다.

공감은 몸이 아프거나 마음이 아플 때 필요합니다. 몸이 아프면 마음도 외롭고 쓸쓸합니다. 그런 몸과 마음을 알아주는 것이 공감입니다. 멀리 고향을 떠나 아픈 몸을 끌고 간 이에게 의원이 보여 준 관심과 따스한 손길이 바로 공감입니다.

과학자들이 원숭이의 뇌 신경 세포를 연구하면서 알게 된 사실이 있습니다. 원숭이가 상대의 고통을 보면 그 고통을 자신의 것처럼 느낀다는 사실입니다. 그 이유는 뇌 안에 있는 거울 신경 세포가 통증을 유발하는 느낌 중추를 자극하기 때문입니다. 이후 과학자들은 기능성 자기 공명 영상 장치를 통해 인간의 거울 신경 세포를 연구했습니다. 그 결과 거울 신경 세포가 고통뿐만 아니라 수치심, 당혹감, 자부심, 행복과 같이 훨씬 복잡한 사회적 정서도 공감하게 한다는 사실을 밝혀냈습니다. 그래서 이 세포를 '공감 신경 세포'라고 부릅니다.

물리 시간에 배운 '공명'을 기억하시나요? 소리굽쇠가 옆에 있는 다른 소리굽쇠 진동에 공명해서 동일한 진동수의 소리를 내는 현상입니다. 공감 신경 세포도 소리굽쇠 공명처럼 상대의 느낌에 공명해서 공감하게 만드는 신경 세포입니다. 철학 교수이자 인지 과학자인 폴 새가드는 공감 신경 세포의 의미에 대해 이렇게 말하고 있습니다. '다른 사람을 기쁘게 하는 것이 자신이 행복해지는 방법이고, 남을 고통스럽게 하는 것이 자기가 불행해지는 길'이라고.

우리는 억울하고 속상한 일이 있으면 다른 사람에게 하소연하게 됩니다. 내 마음이 아픈 것을 이해받고, 공감받고 싶은 까닭입니다. 같은 이야기를 이 사람 저 사람에게 거듭 말하고 있다면 아픔이 그만큼 크다는 뜻입니다. 상황이 달라지지 않더라도 누군가가 내 얘기를 들어 주고 이해해 주면 억울하고, 속상하고, 분한 마음이 조금씩 누그러집니다.

아무런 판단이나 평가 없이 가만히 말을 들어 주는 것! 그 감정을 알아주는 것만으로도 맺혔던 아픔이 서서히 풀립니다. 상대의 마음을 알아주는 일이 곧 내 마음을 어루만지는 일이기도 합니다. 공감을 경험하면서 "남의 길 닦는 것이 내 길 닦는 것이다."라는 말을 실감합니다.

상대방이 힘든 얘기를 할 때 그대로 듣고만 있기가 쉬운 일은 아닙니다. 그 문제와 관련한 내 생각이 떠오르기 쉽지요. '뭔가 도움이 되는 말을 해 줘야 하는데.' 하는 생각이 들기도 하고, 그와 비슷한 내 이야기를 들려주고 싶은 마음이 일어나기도 합니다. '그러니까 그런 일이 생겼지.' 하는 판단을 하고 조언해 주고 싶은 마음이 일기도 합니다. 상대가 조언을 바란다고 의사를 밝히면 그때 그에 맞는 말을 하면 됩니다. 그전에는 상대방이 하는 말을 몸으로 마음으로 그냥 들어 주시기 바랍니다.

그런데 우리는 평소에 공감으로 말하기보다 공감을 방해하는 말을 하곤 합니다. 예를 들어 친구가 "오늘 시험 망쳤어."라는 말을 했을 때, 다음과 같이 말하는 것입니다.

위로하기

- "어머, 그래? 얼마나 힘드니? 어떡하니."

충고, 조언, 교육하기

- "안 된 일에 너무 신경 쓰지 마. 그러다 보면 될 일도 안 돼."
- "적중률이 높다는 문제집이 있어. 그거 한번 풀어 봐."

감정 흐름을 중지하고 전환시키기

- "너무 속상해하지 마. 기운 내서 내일 시험 잘 보면 돼."

내 얘기 들려주기

- "나도 망쳤어. 어쩜 좋아. 우리 둘 다 망쳤네."

바로잡기

- "망치다니 무슨 소리야. 점수 나와 봐야 알아."

조사, 심문하기

- "왜 망쳤다고 생각하는 거니?"

분석, 진단, 설명하기

- "네 공부 방법에 문제가 있는 거 같더라."
- "이번 시험이 너무 어려웠어."

다른 화제로 돌리기

- "시험 얘기 관두자. 기분 나쁜데 다른 얘기하자."

평가, 빈정대기

- "넌 너무 비관적이야."

- "네가 망쳤다고 하면 너보다 점수가 낮은 애들은 어쩌라고?"

부인하기

- "그걸 가지고 망쳤다고 하면 어떡하냐?"

공감은 이 모든 것을 내려놓고 상대방이 하는 말을 그대로 들어 주는 것입니다. 자기 생각을 비우고 듣기만 하는 것이지요. 내 머릿속을 눈으로 하얗게 뒤덮인 넓은 벌판으로 이미지화하는 것도 도움이 됩니다. 상대방이 하는 말은 흰 눈 위에 자국을 내고, 나는 그 자국을 따라갈 뿐입니다. 그렇게 들어 주면 말을 하는 이는 마음 깊은 곳에 있는 말, 자신이 진정으로 하고 싶은 말을 편하게 할 수 있습니다. 그러다 보면 어느새 말을 하는 이도 말을 듣는 이도 하나가 되지요. 그 기운이 서로에게 흘러서 말하는 이의 얼굴이 편안해지거나 깊은숨을 내쉬게 됩니다. 공감으로 듣고 말하는 다음 대화를 살펴볼까요?

친구: 오늘 시험 망쳤어.

나: 속상하겠다. (느낌을 추측해서 말해 준다.)

친구: 정말 속상해. 어젯밤에 늦게까지 열심히 했는데.

나: 열심히 한 만큼 결과를 얻고 싶었을 텐데……. (원하는 것을 추측해서 말해 준다.)

친구: 잠을 제대로 못 잔 탓인 것 같아.

나: 그랬구나.

친구: 아무리 할 게 많아도 잠은 자고 해야겠어.

이렇게 공감으로 들어 주는 대화는 말하는 이가 자기 마음을 있는 그대로 이야기할 수 있게 해 줍니다. 저는 뉴스를 통해 한 사건을 접하고 공감으로 들어 주는 대화가 얼마나 필요한지 가슴에 사무친 적이 있습니다. 그 뉴스는 여덟 살 때 부모님을 따라 미국으로 이민 간 젊은이가 자신이 다니고 있는 대학교 강의실 몇 곳을 오가며 무차별적으로 총을 난사한 뒤 자살한 사건이었습니다. 그 젊은이가 한 행동은 너무도 끔찍한 일이지만 저는 그런 행동을 저지르게 된 그 병든 마음, 억눌린 분노와 절망, 슬픔에 대해 생각해 봤습니다.

그 젊은이가 그런 행동을 저지르기까지 마음 안에서 소용돌이쳤을 여러 가지 느낌을 상상해 보았습니다. 서툰 영어로 말하면 친구들이 웃어서 입을 다물어 버린 어린 시절, 아침부터 저녁까지 일에 바쁜 부모님, 누구에게도 자기 마음을 드러내지 못한 그 젊은이가 가졌을 분노와 외로움과 절망을 단 한 사람이라도 알아주었으면 어땠을까 하는 마음이 들었습니다.

그 젊은이의 어머니는 평소 '아들이 공부도 잘하고 이것저것 다 잘하고 있으나 오직 한 가지, 오랜 세월 동안 누구와도 말을 하지 않고 컴퓨터에만 몰두해서 사람들을 피하는 대인 기피증을 가지고 있으니 제발 입이라도 열도록 도와 달라.'라고 부탁했다고 합니다. 그 젊은이가 오랜 세월 하지 못하고 쌓인 말이 자신과 세상을 향한 분노로 튀어나왔는지도 모릅니다. 누군가 그 마음을 알아주었다면 어땠을까요?

우리는 말을 하고 싶어 합니다. 내 얘기를 할 때 신나고 힘이 납니다. 직접 못하면 꿈에서라도 하고야 마는 존재들입니다. 누가 내 말을 있는 그대로 들어 준다면, 내가 어떻게 말하든 그 안에 들어 있는 진심을 공감하며 들어 준다면 입을 다물고 자신 안에만 틀어박혀 있을 사람이 있을까요?

❀ ❀ ❀

공감으로 들어 주기에는 두 가지 방법이 있습니다. 하나는 들은 그대로 다시 들려주는 '거울 경청'이고, 다른 하나는 말하는 사람의 필요를 알아주는 것입니다. 상대에게 '내가 당신의 말을 듣고 있습니다.'라고 알려 줘야 할 때가 있습니다. 상대가 되풀이해서 어떤 말을 강조하고 있거나, 목소리를 높여서 말하고 있을 때입니다. 이런 경우 상대가 한 말을 들은 그대로 상대에게 다시 들려주는 것입니다. 다음 대화를 살펴봅시다.

진수: 엄마 아빠가 싸우면 무서워. 그래서 내 방으로 들어와 버리지만 마음이 괴로워.

친구: 엄마 아빠가 싸우시면 무서워서 방 안으로 들어와 버리지만 괴롭구나.

진수: 응, 별일 아닌 것으로 왜 그렇게 심하게 싸우는지 모르겠어.

또 다른 대화를 읽어 볼까요?

경미: 담임은 나만 보면 왜 그러는지. 머리 갖고 말하질 않나, 치마 길이 갖고 뭐라 하질 않나. 다른 애들은 놔두고 왜 나한테만 그러는지 모르겠어. 왕짜증 나.

친구: 선생님이 네 머리 모양이며 치마 길이에 대해서 말하는 게 짜증 나는구나.

경미: 그래. 한 번만 더 하면 가만 안 있을 거야. "선생님, 왜 저만 갖고 그러세요?"라고 말할 거야.

친구: 선생님께 "선생님, 왜 저만 갖고 그러세요?"라고 말하고 싶구나.

경미: 응, 근데 말 잘못했다간 더 혼날 것 같아. 말 잘해야지.

이렇게 거울 경청을 하면 위 대화처럼 듣는 이가 상대방이 하는 말을 다시 상대에게 들려주기(거울) 위해 '귀 기울여 듣게'(경청) 됩니다. 그리고 그대로 말하는 사이 감정이 이입되어 상대의 느낌을 이해하게 됩니다. 또, 말하는 이는 자신이 한 말을 상대 입을 통해 다시 들음으로써 마음이 편해집니다. 그래서 거기에 초점을 맞춰 말을 이어 가게 됩니다.

느낌과 필요를 알아줘요

이번에는 상대의 느낌과 필요를 알아주는 듣기에 대해 이야기해 봅시다. 모든 말과 행동에는 의도가 들어 있습니다. 어떤 말이든 말을 하는 사람한테는 지금 하는 그 말이 가장 중요한 말입니다. 그냥 하는 말은 없습니다. 상대가 하는 말에 귀 기울이고 행동을 찬찬히 살펴보세요. 지금 그 사람이 어떤 느낌인지, 무엇을 원해서 그렇게 말하고 행동하는지를 알아줍니다. 형과 동생이 나누는 다음 대화를 한번 살펴볼까요?

판단으로 듣는 예

동생: 형, 아빠는 사고방식이 진짜 이상해.

형: 아빠의 사고방식이 이상하다니! 무슨 말을 그렇게 하냐?

동생: 이상하니까 그렇지. 정말 마음에 안 들어.

형: 아빤데 마음에 들고 안 들고가 어디 있어?

동생: 어휴 짜증 나. 형하고도 말이 안 통해.

형: …….

느낌(필요)을 알아주는 예

동생: 형, 아빠는 사고방식이 진짜 이상해.

형: 무슨 일이 있었어? (그런 말을 하게 된 상황에 대한 관심)

동생: 나만 보면 잔소리야.

형: 그래서 맘이 불편해? (강도가 약한 느낌부터 물어본다.)

동생: 왕짜증 나. 이것 치워라, 숙제했냐, 물 아껴라. 계속 잔소리야. 만약 내가 아빠한테 그렇게 해 봐. 아빤 엄청 화낼걸?

형: 너 스스로 알아서 하고 싶은데, 그치?

동생: 맞아. 내가 알아서 할 때까지 기다려 줬으면 좋겠어. 게다가 아빠가 형을 볼 땐 입꼬리가 올라가는데 나를 볼 땐 눈꼬리가 올라가.

형: 너가 서운했겠다.

동생: 응. 그래서 엄마가 집에 없으면 밖으로 나가 버려. 추워도 밖으로 나가 버려.

위 예처럼 공감으로 들어 주는 두 번째 방법은 상대방의 느낌을 알아주고 존중해 줍니다. 상대가 무슨 말을 하든 그 사람이 어떤 느낌인지, 무엇을 필요로 하고 있는지를 알아주는 것입니다. 그 사람이 경험한 것을 존중하는 마음으로 듣고, 내용뿐만 아니라 표정, 목소리, 호흡, 몸동작도 주의 깊게 살핍니다.

☘ ☘ ☘

우리가 대화를 하다 보면 자극이 되는 말이 있습니다. 그 말을 비난으로 들으면 두 가지 반응을 보이기 쉽습니다. 하나는 '나에게 문제가 있다.'로 받아들이면서 그것에 대해 변명하거나 입을 다무는 것입니다.

이런 상황에서는 우울해지고 힘이 빠집니다. 다른 하나는 짜증이 나고 화가 나서 '너에게 문제가 있다.'로 반격하거나 공격하는 것입니다. 이렇게 되면 싸움으로 번질 수 있습니다.

우리는 이 두 가지 반응을 모두 사용합니다. 어떤 경우에는 공격이나 변명을 하고 다른 경우에는 자책을 합니다. 두 가지 반응을 왔다 갔다 하는 경우도 많습니다. 자신을 탓하다가 화가 나서 상대방을 탓하다가 다시 자신에게 문제가 있다고 인정하기도 하지요. 이런 말이 오가다 보면 상처를 입고 아파하다가 관계가 멀어지기도 하고, 두 번 다시 만나지 않는 결과로 번지기도 합니다.

그런데 그 말에서 느낌과 필요를 듣는 방법이 있습니다. 곧 자책과 비난을 멈추고 자신이 어떻게 느끼고 있는지 무엇을 필요로 하고 있는지를 찾아보는 것입니다. 또, 그 말을 하는 상대방은 어떤 느낌인지 무엇을 필요로 해서 그렇게 말하고 있는지를 추측해 보는 것입니다. 네 가지 듣기 중 무엇을 선택하느냐에 따라 인간관계가 달라집니다. 다음 예를 보면서 어떻게 다른지 알아봅시다.

친구가 돈을 빌려 달라고 했는데 거절했더니 '쫀쫀하다.'라고 말했습니다. '쫀쫀하다.'는 말을 어떻게 받아들이는 것이 나에게도 친구에게도 도움이 될까요?

❶ 자신에게 잘못이 있다고 스스로를 나무랍니다.

- '난 정말 쫀쫀한가 봐.'

❷ 상대를 공격합니다.

- '내가 왜 쪼쪼해? 넌 어떤데?'

❸ 내 느낌과 원하는 것을 찾아봅니다.

- '서운하고 속상해.'
- '내 사정을 이해해 줬으면 좋겠다.'

❹ 친구의 느낌과 원하는 것을 추측해 봅니다.

- '서운하고 실망스럽겠네.'
- '도움을 받고 싶었던 걸까?'

친척 모임에 가면 성적을 갖고 '누구네 애는 ~하다.'라는 비교의 말이 나옵니다. 가기가 싫어서 "멀미 나서 안 가겠다."라고 하자 아버지가 "못됐다. 저만 안다."라고 말씀하셨습니다.

❶ 자신에게 잘못이 있다고 스스로를 나무랍니다.

- '내가 정말 못되고 이기적인가?'

❷ 상대를 공격하거나 변명합니다.

- '친척들이 더 못됐어. 맨날 공부공부 지겨워.'
- '할 일이 많고 숙제도 밀렸다고 해야지.'

❸ 내 느낌과 원하는 것을 찾아봅니다.

- ‘답답하고 화나고 슬프다.’
- ‘모임이 편하고 즐거웠으면 좋겠다.’

❹ 아버지의 느낌과 원하는 것을 추측해 봅니다.

- ‘난처하고 속상하시겠지.’
- ‘아버지 말을 존중해 주었으면 하실 거야.’

여러분은 네 가지 중 어떤 것을 선택하고 싶나요? ❸번처럼 내 느낌과 원하는 것을 말하고, ❹번처럼 상대방의 느낌과 원하는 것을 알아주면 어떻게 될까요? 양쪽이 모두 만족할 수 있는 방법을 찾는 것으로 대화가 전환될 수 있습니다.

말이 상처를 안겨 줄 수도 있지.
하지만 그것은 네가 상처로 받을 때만 그래.
만일 네가 그 바람이 너를 그냥 스치고 지나가게 하는 법을 익히기만 한다면
그 말들에 휘둘리지 않을 수 있어.
바람처럼 그냥 지나가게 하면
그것들은 네게 아무런 영향도 미치지 못할 거야.

조셉 M. 마셜 3세(라코다 인디언 후예)

인간관계에서 상처받았다는 사람들에게 "어떤 말에 상처받았나요?"라고 물으면 '비난하는 말을 들었을 때'라는 답이 많았습니다. 칭찬이나 비난은 행동에 대한 해석입니다. 내가 한 행동을 두고 어떤 이는 칭찬하고 어떤 이는 비난합니다. 그런가 하면 전에는 열렬히 칭찬했던 이가 맹렬히 비난하기도 합니다. 모두 '기대'와 관련이 있습니다. 자신의 기대에 들어맞으면 칭찬하고 기대에 어긋나면 비난하는 것이지요. 다음은 칭찬과 비난에 흔들리던 학생이 칭찬과 비난은 내가 아니라 그런 말을 하는 사람들의 것이라는 사실을 깨달은 이야기입니다.

친구와 함께 수행 평가 활동을 했어요. 그 친구는 평소에 지각과 결석이 잦았어요. 그래서 그 친구와 함께 과제를 수행하는 것이 무척 힘들었어요. 수행 평가에 필요한 장소로 가기로 해 놓고 결석하거나, 일이 있다며 "다음에 가자."라고 하기도 했어요. 일요일에 그 친구 집으로 찾아가 친구를 불러내어 수행 평가를 마쳤어요.

그 과정을 지켜본 우리 부모님은 기말고사를 앞두고 수행 평가에 시간을 질질 끈다며 못마땅해하셨어요. 반대로 친구의 부모님은 "이다음에 큰 인물이 될 거야."라고 하시며 무척 고마워하셨어요. 한 가지 행동을 두고 정반대의 반응을 보이신 거죠. 칭찬도 비난도 나에 대한 것으로 생각했는데 그게 아니었어요. 기대에 맞으면 칭찬하고 어긋나면 비난하니까, 그것은 말을 하는 그 사람의 것이에요. 이제 알았으니 그런 말들에 흔들리지 않을 거예요. (15세 남학생)

칭찬을 들으면 기쁘고 비난을 들으면 불쾌합니다. 그러나 칭찬과 비난에 마음이 흔들리다 보면 삶이 다른 사람 말에 휘둘립니다. 자기 주관으로 삶을 꾸려 나가려면 칭찬이나 비난을 들었을 때 새로운 귀로 들어보기를 바랍니다. '말하는 사람이 무엇을 충족해서 칭찬하고 있는가?', 또 '무엇을 충족하지 못해서 비난하고 있는가?'를 찾아보는 것입니다.

"수행 평가에 시간을 질질 끈다."라는 말에는 '기말고사 공부에 힘을 기울여 주었으면 한다.'는 바람이, "이다음에 큰 인물이 될 거야."라는 말에는 아들이 과제를 수행할 수 있도록 도움을 준 것에 대한 고마움이 담겨 있습니다.

누군가를 칭찬하고 싶을 때나 비난하고 싶을 때는 말하기에 앞서 잠시 멈춰 보세요. 그리고 어떤 기대를 했길래 칭찬 또는 비난을 하려고 하는지 찾아보기를 바랍니다. 칭찬과 비난을 다르게 말하는 방법을 배워 볼까요? 친구가 청소하는 것을 도와줬습니다. "역시 넌 내 수호천사야."라는 말과 "도와줘서 고마워. 덕분에 제시간에 마칠 수 있었어."라는 말 중 어떤 말이 편하게 들리나요? 친구에게 체육복을 빌려줬는데 제때 받지 못해서 체육 시간에 교복을 입었다가 선생님께 혼이 났습니다. 친구에게 "너 왜 그렇게 무책임하니? 너 때문에 혼났단 말이야."라고 말하는 것과 "체육복을 못 입어서 선생님께 혼났어. 얼마나 화가 났는지 몰라. 빌려 간 것은 제때 돌려줘."라고 말하는 것 중 어떤 것을 택하고 싶나요?

말이나 행동을 할 때 '남이 나를 어떻게 볼까?'에 관심을 두기보다

'내가 무엇을 원하는가?'에 초점을 맞추면 다른 사람이 하는 칭찬이나 비난에 마음을 쓰지 않게 됩니다. 왜냐하면 자신이 원하는 것을 얻는 데 마음을 쓰기 때문입니다. 그러면 내 삶을 이끌어 가는 주인공으로 살 수 있습니다.

어른들과 공감해요

우리는 지금까지 내 마음을 보는 법, 표현하는 법, 다른 이의 마음을 알아주는 법에 대해 이야기를 나누어 봤습니다. 여러 가지 갈등 상황에 놓일 때 지금까지 함께 알아본 비폭력 대화를 시도해 보기를 바랍니다. 어렵더라도 한번 시작하면 그다음 걸음을 내딛게 됩니다.

여러분이 일상에서 겪는 여러 갈등 상황 중 하나는 어른과의 갈등일 것입니다. 친구들과의 관계에서라면 할 수 있는 이야기도 어른들 앞에서는 겁나거나 두려워 입을 떼기 힘들 때가 있지요. 그런데 어른들 안에도 어린아이가 들어 있다고 생각해 본 적이 있나요?

선생님도 어서 나이가 들어서 어른이 되기를 바라던 시절이 있었습니다. 어른만 되면 모든 일이 술술 풀릴 것 같고 어른들에 대한 원망과 불만이 다 해결될 것 같았거든요. 어른들의 말이나 행동이 못마땅하면 '나는 안 그래야지.'라고 다짐했고, 그럴 자신도 있었습니다. 왜냐하면 어른이 되면 지금과는 완전히 다른 성숙한 모습으로 변할 거라 생각했기 때문입니다.

그런데 중학교 때 어떤 영화를 보고 '엄마도 나처럼 어린 사람이었구나.' 하고 깨달은 적이 있었습니다. 영화 속 주인공인 여고생은 어머니와 갈등을 겪다가 마음의 병으로 입원했는데, 면회를 온 어머니와의 만남을 망설입니다. 그러자 담당 의사가 주인공에게 이렇게 말합니다. "당신 어머니도 한때 당신처럼 소녀였어요."라고요. 그 대사를 듣자 멍했습니다. '아, 그렇구나! 영화 속의 그 어머니도 여학생이었구나! 여학생이 자라 어머니가 되었다니, 내가 자라서 어머니가 된단 말이지.' 하는 생각이 들었습니다. 어른들은 우리와는 전혀 다른 사람들처럼 보였는데, '우리처럼 학생이었다가 엄마 아빠, 선생님이 되어 살아가고 있구나!' 하고 생각하니 마음이 복잡해졌습니다. 갑자기 어른들이 우리와 별로 다를 바 없는 존재로 느껴졌습니다. 갑갑하고 답답해 보이던 영화 속 그 어머니 행동이 이해될 듯 말 듯 했습니다.

그 영화를 본 뒤로 어른들 모습에서 종종 어린아이를 만났습니다. 어른들이 언니나 오빠 또는 친구처럼 또 어떤 때는 동생처럼 보이기도 했습니다. 말과 행동이 재밌어서 깔깔깔 웃음이 나오는 때도 있었고 귀엽게 보여서 안아 주고 싶은 때도 있었습니다. 그리고 아쉽고 안타까운 때도 있었습니다. 어른 속에 있는 어린아이를 만나면서 어른들이 하는 말이나 행동에 대해서 조금씩 이해가 커졌습니다. 그러면서 '어른이 왜 저래? 나는 저런 어른이 되지 않을 거야.' 하는 생각이 조금씩 사라져 갔습니다. 저처럼 부모님 마음속의 어린아이를 만나게 된 한 학생의 이야기를 들어 볼까요?

제가 친구를 때린 일로 부모님이 학교에 오셔야 했어요. 처음에는 선생님께 부모님이 올 수 없다고 말씀드렸어요. 아버지가 사업에 실패해서 집을 나가시자, 어머니도 집을 나가셨거든요. 집에는 저와 동생 둘뿐이었고, 가까이 사는 고모가 먹을 것을 갖다주셔서 동생과 겨우 지내고 있는 형편이었어요. 저는 무책임한 아버지가 원망스러웠어요. 그러면서 혹시라도 아버지가 이번 일을 알면 당장 학교를 그만두라고 하실까 봐 두려웠고요.

하지만 제가 저지른 일이 있다 보니, 부모님을 모셔 오라는 선생님의 말씀을 계속 피할 수는 없었어요. 결국 어렵게 연락이 닿아 아버지가 학교에 오셨어요. 선생님이 저에게 아버지에게 하고 싶은 말을 하라고 하셨어요. 선생님은 아버지에게 잠자코 끝까지 들어 주시라고 부탁했고, 아버지는 그러겠다고 하셨어요. 그 모습에 저는 용기를 내서 오랫동안 가슴에 묻어 뒀던 여러 가지 이야기를 꺼냈어요. 아버지가 혼내고 야단칠 적마다 무섭고 슬프고 화났던 이야기, 술을 드시고 오면 가족들을 깨워서 괴롭고 힘들었던 이야기, 부모님이 싸울 적마다 무섭고 슬퍼서 동생과 이불 속에서 울었던 이야기, 아버지가 어머니를 때렸을 때 화가 나고 무섭고 슬펐던 심정을 털어놓았어요. 말을 하면서도 아버지가 화를 내실까 봐 겁이 났는데, 아버지는 가만히 듣고 계셨어요.

그다음에는 아버지가 이야기를 들려주셨어요. 어린 시절 배를 곯았던 기억, 그래서 내 자식에게만은 가난을 대물림하지 않으려고 추우나 더우나 공사판에서 힘든 일을 했던 이야기, 허리를 다쳐 더 이상 그 일을 할 수 없어 다른 일을 했지만 불경기가 겹쳐 실패한 이야기, 절망적인 심정으로 죽고 싶었지만 자식들이 눈앞에 어른거려 다시 마음을 다잡은 이야기, 아내와 자식에게 사랑을 표현하고 싶었지만 쑥스러워 못했다는 이야기, 바깥에서 겪은 힘든 일에 대해 위로받고 힘을 받고 싶었지만 가족들이 자신을 무능력하게 보는 것 같아서 말을 꺼내 보지도 못했다는 이야기, 아내가 내 마음을 몰라주는 것이 야속하고 화가 나서 싸우게 됐다는 이야기……. 아버지는 제가 이런 심정이었는 줄은 정말 몰랐다며 "내가 잘못 살았다."라면서 눈물을 쏟으셨어요. 아버지의 그런 모습을 보자 저도 걷잡을 수 없이 눈물이 났어요.

저도 힘들었지만 아버지가 이렇게 힘든 줄 몰랐다고 아버지에게 말했어요. 제 말을 들은 아버지도 가족을 위해 최선을 다한다고 했지만 남편으로서 아버지로서 너무도 서툴렀다는 말씀을 해 주셨어요. 그날 함께 이야기하며 눈물을 흘렸던 그 시간은, 저와 아버지가 서로를 새롭게 만나는 시간이었어요. (17세 남학생)

어른이 되어서 깨달은 것은 내 안에 너무도 많은 어린아이가 있다는 사실입니다. 그리고 그 어린아이는 걸핏하면 튀어나와 떼를 씁니다. '내 마음을 알아줘.' 하고 말이지요. 그 마음을 몰라주면 다른 사람에게 짜증을 내고 화를 냅니다. 내 겉모습이 어린아이라면 귀여울 수도 있으련만 몸집이 큰 어른이니 상대는 얼마나 당황스러울까요? 짜증 나고 화나고 무섭고 두렵기까지 할 것입니다.

여러분에게 부탁하고 싶어요. 어른이 짜증 내고, 화내고, 신경질 내고, 소리를 지르면 그 안의 어린아이가 떼를 쓰고 있는 것으로 한번 생각해 주세요. 귀찮고, 화나고, 무섭고, 두려울 수도 있어요. 그런 순간에는 그 어린아이가 '무엇을 원해서 저러나?' 정도만 한번 생각해 준다면 어른과의 대화가 조금은 부드러워질 수도 있을 거예요.

감사하면 삶이 빛나요

당연한 것은 하나도 없어요

여러분은 "고맙습니다."라는 말을 언제 하나요? 혹은 누구로부터 들었나요? 그때 느낌이 어땠나요? "고맙습니다, 감사합니다."라는 말은 하는 이나 듣는 이 모두에게 기쁨과 행복을 선사합니다.

한 학교에 강의하러 갔을 때 일입니다. 교장 선생님께서 이런 말씀을 하셨습니다. 바깥에서 놀고 있는 아이들의 욕설이 너무 심해서 지도하러 나가려다 문득 '아, 저 아이들의 마음이 무척 아프구나!' 하는 생각이 들었다고 합니다. 그러면서 "몸이 아프면 한 사람이 아프지만 마음이 아프면 여러 사람이 아프지요."라는 말씀을 하셨습니다. 선생님은 학생들의 욕설에서 우리 사회의 아픔을 읽어 내고 계셨습니다.

교장 선생님께서는 "마음이 아픈 아이들을 위해 선생님께서 좋은 프로그램을 만들어 주시기를 기대하고 있습니다."라는 당부로 말씀을 마치셨습니다. 그 말을 들은 순간 제가 꿈꾸는 미래를 어떻게 아셨는지 놀랍기도 하고 가슴이 뭉클하고 벅찼습니다. 그리고 이런 마음들이 모여서 이뤄 낼 일을 생각하니 힘이 솟았습니다.

진로 문제로 고민하는 학생이 있었습니다. 강의가 끝나자 그 학생이 "타로를 볼 수 있을까요?"라고 물었습니다. 전에도 종종 타로로 상담해 주었는데 그 효과가 컸습니다. 자신이 직접 타로 카드를 뽑고 카드 그림을 보면서 문제에 집중하기 때문에 스스로 해결책을 찾을 수 있는 좋은 방법입니다. 그 학생은 일반계로 진학해야 할지 특성화고로 진학해야 할지를 결정하지 못하고 망설이고 있었습니다.

상담 결과 그 학생은 특성화고로 가기로 확실하게 정했다고 말했습니다. 그동안 진로를 고민하느라 많은 시간을 보냈는데, 타로 그림을 봐 가며 자신의 마음을 들여다보니 이젠 무엇에 시간을 써야 할지 알게 됐다며 "고맙습니다."라고 말했습니다. 그렇게 말해 준 학생에게도 고마움을 느꼈고 새로운 것에 호기심을 갖고 배우는 제 열정에 대해서도 고마움을 느꼈습니다. 그 덕분에 타로를 배워서 다른 이들과 나눌 수 있었기 때문입니다.

일 년 동안 함께 활동하며 만난 또 다른 학생은 이렇게 말했습니다. "당연하다고 생각했던 것들이 모두 고마운 일이네요. 이 세상에 당연한 것은 하나도 없다는 것을 알았어요." 내 입에 음식이 들어오기까지 거쳤을 수많은 사람의 손길, 친구가 함께해 준 시간, 만남이 가능하도록 해 준 마을버스나 지하철의 기사님들, 낯선 이가 보낸 미소 등 찾아보면 감사할 일이 헤아릴 수 없이 많습니다. 숨 쉬고 있다는 사실 그 자체가 감사할 일입니다. 다음은 부모님과의 관계에서 감사함에 대해 생각하게 된 학생이 들려준 이야기입니다.

제가 입양아라는 사실을 알았던 그날은 충격이 컸어요. 도저히 집에 들어갈 마음이 들지 않았어요. 집으로 가는 버스를 탔는데 도중에 내리지 않고 종점까지 갔어요. 종점에 도착해서 할 수 없이 버스에서 내리려는데 갓난아이를 안은 어떤 엄마가 앞에 서 있었어요. 아이를 앞으로 매고 커다란 가방을 들고 서 있는데 무척 피곤해 보였어요. 버스 계단을 내려가는 것조차 힘겨워 보였어요. 마땅히 갈 데도 없어 그 엄마 뒤를 따라 걸었어요. 아기와 짐이 무거운지 아기 엄마 발걸음이 무겁게 느껴졌어요.

걷다가 쉬고, 이마에 땀을 훔치며 또 걷고 하는데 갑자기 눈물이 쏟아졌어요. 엄마가 하셨던 말씀이 떠올랐거든요. "그해 여름은 몇십 년만의 더위라더니 정말 덥더라. 네가 아직 걷지 못할 때라 안고 다녔지. 그래서 네 몸에도 엄마 몸에도 여기저기 땀띠가 나서 무척 힘들었어." 엄마가 나를 키우느라 얼마나 애쓰셨을까를 생각하니 눈물이 나왔어요. 엄마가 키워 주시지 않았다면 지금 나는 어디에서 무얼 하고 있을까? 밥해 주고 빨래해 주고 옷 사 주고 학교에 보내 준 것들…… 부모님이 해 주시는 일 가운데 어떤 것 하나도 그냥 되는 것이 없었어요. 그 결과를 지금 제가 누리고 있다는 것을 알았어요. 그걸 깨닫고 나자 아침에 일어나서 저녁 잠자리에 들 때까지 감사한 일 들로 가득 찼어요. (15세 여학생)

이 학생처럼 여러 사람의 도움으로 내 삶이 이어진다는 사실을 알게 될 때, 우리의 소소한 일상이 감사할 것들로 가득 차 있음을 느낍니다.

감사한 마음을 가져요

학생들에게 '어떤 사람이 행복한 사람일까?'라는 질문을 던져 보면, '자기 자신에게 만족하는 사람'이라는 답이 나옵니다. 재작년 봄이었습니다. 한 고등학교에 강의하러 갔는데 시간보다 일찍 도착했습니다. 강의 장소에서는 학생들이 시청각 자료를 활용해서 국어과 수행 평가로 자기소개를 하고 있었습니다. 한쪽 구석에 앉아 학생들 발표를 지켜보았습니다. 한 남학생이 발표하는 도중에 수업이 끝나는 종이 울리자, 학생들은 야자를 하기 전에 밥을 먹어야 한다며 몸을 움직였습니다. 선생님은 한 사람이 더 남았다며 학생들을 진정시켰고 그 남학생은 간신히 소개를 마칠 수 있었습니다.

마지막으로 등장한 이는 여학생이었습니다. 친구들의 동요에도 별 떨림 없이 느릿느릿 말을 이어 가는데, 다른 학생들이 점점 그 학생의 발표에 집중하는 모습을 보였습니다. 그 학생은 가족들 사진을 보여 주었는데 잘 찍힌 모습이 아니라 인물들의 개성이 돋보이는 사진들이었습니다. 발표 내용은 특별한 것이 없었습니다. 그런데도 학생들이 귀를 기울인 이유는 그 학생이 보여 주는 편안함과 유머 덕분이었습니다.

학생들이 "외모에 대해 어떻게 생각하냐?", "어디를 고치고 싶냐?", "거울 보면 괴롭지 않아?" 하고 짓궂은 질문을 던졌습니다. 저는 그 학생이 어떻게 답을 할까 궁금했습니다. 그 학생은 "나는 우리 부모님이 만드신 예술 작품이야. 세상에 단 하나밖에 없는 얼굴을 남들과 비슷하게 바꾸고 싶은 생각이 없어."라고 답했습니다. 학생들은 웃으며 박수를 보냈습니다.

여러분도 자신의 어떤 점에 만족하고, 감사를 느끼는지 생각해 본 적 있나요? 다음은 자신의 장점을 찾아내고, 그런 장점을 사랑스럽게 보게 된 학생들의 이야기입니다.

우리 반에 공부 잘하고 잘 생겨서 여학생들 사이에 인기가 높은 남학생이 있습니다. 친구들끼리 모이면 그 남학생 얘기를 화제로 올리곤 합니다. 모두 그 남학생과 사귀고 싶어 하는 눈치였습니다. 그래서 "용기 있는 자만이 미인을 얻는다고 하는데, 용기 있는 자만이 미남을 사귈 수 있어."라고 말했더니 친구들이 "그렇게 말하는 너부터 용기를 내 봐." 하고 말했습니다. 그 말을 듣자 중학교 담임 선생님에게서 들은 말이 떠올랐습니다. "할까 말까 망설여질 때는 해라."라는 말이었습니다.

저는 어떻게 하면 그 아이와 친해질 수 있을까 생각하다가 저만의 방식으로 시작해 보기로 했습니다. 엽서에 시를 적어서 아무도 모르게 그 애 책상에 넣었습니다. 물론 제 이름은 알리지 않았습니다. 엽서를 읽는 그 애의 표정이 호기심에서 행복으로 바뀌어 갔습니다. 그러다가 드디어 제 이름을 밝히자 그 아이에게서 연락이 왔습니다. 처음에는 의아했지만 시를 읽으면서 호기심이 생겼고, 만나 보고 싶다는 생각이 들었다고 합니다. 같은 반이라 이야기를 나눌 소재가 많았습니다. 둘이 대화하다 보니 재미있었습니다. 그날 이후 우리는 친구로 지내고 있습니다. 저는 "할까 말까 망설여질 때는 하라."라는 담임 선생님 말씀을 실천하고 지금도 남자 친구와 우정을 쌓아 가는 자신이 자랑스럽습니다. (16세 여학생)

제 어떤 기질이나 성격이 고마운가 생각해 보니 특별히 생각나는 게 없습니다. 그래서 무얼 쓸까 찾아보니 눕기만 하면 잠드는 것이 고맙습니다. 수련회를 가 보니 잠자리가 바뀌면 잘 못 잔다는 친구가 있었습니다. 그리고 걱정스러운 일이 있으면 잠이 잘 안 온다는 친구, 자다가 자주 깬다는 친구도 있었습니다. 그런데 저는 어떤 상황에서든 드러누우면 금세 잠이 듭니다. 누나가 말하는데 제가 듣고 있는가 했더니 쿨쿨 자고 있었다며 불평한 적도 있습니다. 피곤해도, 근심 걱정이 있어도 잠자고 일어나면 마음이 가벼워집니다. 그런 제 특성을 생각하면 고맙습니다. (14세 남학생)

자신에게 감사한 것이 무엇이 있을까 생각해 보니 흥이 있는 성격이 고맙습니다. 반 대항 장기 자랑을 하는데 우리 반에서는 연극을 하기로 했습니다. 그런데 서로들 시간을 내기가 어려워서 연습도 제대로 못하고 무대에 섰습니다. 그런데 제가 과장된 동작과 대사, 표정으로 연기를 해서 아이들이 폭소를 터뜨렸습니다. 그래서 더 흥이 나서 연기를 했습니다. 연극이 끝나고 내려오니 선생님들도 친구들도 "너한테 그런 모습이 있었다니." 하면서 놀라워 했습니다. 제 존재감을 느끼게 해 준 나의 흥에게 고맙습니다. (17세 여학생)

나를 잘 들여다보면 나에게 감사할 것들이 참으로 많습니다. 내 안에 있는 모든 것에 고마움을 느끼는 것, 그것이 바로 행복입니다.

이번에는 고맙게 생각하는 한 사람을 떠올려 봅시다. 그리고 다음과 같은 순서로 필요와 느낌을 표현해 보기를 바랍니다.

- 그 사람이 한 말이나 행동은 무엇이었나?
- 그 행동이나 말로 어떤 필요가 충족되었는가?
- 지금 그것을 생각하면 느낌이 어떠한가?

위 순서대로 정리하면 아래 예와 같이 말할 수 있을 것입니다.

율아, 그때 노화도 앞 저수지에서 물에 빠져 허우적거리는 나를 네가 구해 줬지. 네가 그날 날 구해 줬기 때문에 나는 지금 많은 것들을 누리며 살고 있어. 네 덕분에 물에서 둑으로 올랐을 때 내가 엉엉 소리 내어 울었지. 지금도 네 손을 잡고 집으로 돌아오던 그 날을 생각하면 한없이 고마우면서도 가슴이 아파. 고마움을 전하는 내 말을 들어 줄 네가 곁에 없기 때문이야.

이번에는 다른 이에게 고마움을 느꼈던 학생들의 경험을 한번 살펴볼까요?

중학교 때 음악 감상문 쓰기 숙제가 있었어요. 음악을 듣고 감상을 적는 숙제였는데, 처음 해 봐서 무척 어려웠어요. 공책을 내고 나서 마음이 찜찜했어요. 그런데 숙제 검사가 끝난 뒤 공책을 받아 보고 깜짝 놀랐어요. 도장, 싸인, 날짜 대신에 작은 새 그림이 그려져 있었어요. 그리고 그 옆에 제 소감에 대해 '작은 새가 날아다니는 것 같은 느낌이었다.'라는 선생님 글이 적혀 있었어요. 가슴이 찌릿찌릿했어요.

고등학교에 들어가서 미술 시간에 도장을 파는 작업을 한 적이 있어요. 그때 저는 중학교 때 음악 선생님이 그려 주신 '날아다니는 새'가 떠올랐어요. 그때 느꼈던 그 마음을 도장으로 새기고 싶었어요. 그래서 선 하나하나에 정성을 담았어요. 선생님께 감사하는 마음을 담아서요. 선생님께서 그려 주신 그림이 제 곁에 도장으로 남

아 있어요. '뾰로롱 뾰로롱' 노래하며 자유롭게 날아다니는 새로요. (17세 여학생)

수업 시간에 선생님이 뭐라고 하셔서 짜증이 나서 "에이씨."라고 했는데 선생님은 "누구야? 지금 선생님한테 욕한 놈이?"라며 화를 내셨어요. 그래서 "선생님께 한 게 아니고 화가 나서 한 말이에요."라고 말했지만, 선생님은 받아들이질 않으셨어요. 거짓말하지 말라고 하시면서 더 화를 내셨어요.

교무실로 불려 가서 혼나고 반성문 쓰고 점심시간이 다 끝나 갈 즈음에야 밖으로 나올 수 있었어요. 그런데 교무실 문밖에 친구가 기다리고 있었어요. 뜻밖이라 놀랐어요. 왜냐하면 그 친구와 저는 평소 점심 종이 울리면 배가 고파서 쏜살같이 급식실로 튀어 나가 서로 앞자리를 차지하려고 다투거든요. "나 때문에 점심도 못 먹었네."라고 했더니 친구는 이렇게 말하는 거예요. "그러게, 이렇게 오래 기다릴 줄 알았으면 진즉 식당으로 가는 건데."라고 하는 데 얼굴에 장난기가 그득했어요. "감동할 뻔했잖아." 하고 친구 등을 치며 농담했지만 가슴이 뭉클했어요. 친구 덕분에 억울하고 분하고 화났던 일은 교무실 안에서 끝났어요. (16세 남학생)

우리는 살아가는 순간순간 다른 이의 도움을 받을 때 고마움과 따뜻함을 느낍니다. 저는 아이들 옷차림이 어떻든, 말이나 행동이 어떻든 있는 그대로 봐 주는 어른들을 보면 마음에서 고마움이 우러납니다. 예전에 즐겨 찾던 인터넷 카페에 들어갔다가 한 선생님께서 어떤 여학생에게 쓰신 편지글을 읽고 행복해진 경험이 있습니다. 선생님의 따스하고 유쾌한 마음이 느껴졌기 때문입니다. 그 글의 내용은 다음과 같습니다.

민영이에게

잘 지내죠. 그날 민영이 모습이 아주 멋졌어요. 왼쪽 가슴에 단 남자 친구 이름표도 재미있었고요. 이름표 하나만 보고도 민영이가 정말 유머러스한 사람이구나 하는 생각이 들었어요. 발랄한 에너지가 느껴졌어요.

귀에는 귀걸이를 양쪽에 세 개씩 했잖아요. 귀걸이도 재미있었어요. 3이란 숫자는 참 매력적이에요. 우주의 리듬이 담겨 있는 숫자예요. 세 개의 귀걸이가 마치 내게는 씨앗을 뿌리고, 꽃을 피우고, 열매를 맺게 하는 우주의 3박자 리듬을 상징하고 있는 것 같았어요.

그래서 귀걸이를 보자마자 민영이가 보통이 아니구나 하는 생각이 든 거예요. 양쪽에 두 개의 우주를 달고 다니는 거잖아요. 민영이가 달고 다니는 귀걸이를 보고 나도 좀 더 늙으면 할아버지가 될 텐데, 그때 귀걸이를 하고 다녀야겠단 생각을 했어요. 일흔 살쯤 되거든 귀걸이를 하나 하고 다닐 거예요. 그때 혹 만날 수 있거든 멋진 귀걸이 하나 골라 주세요. 민영이 말대로 은색 귀걸이를 하나 해 봐야겠어요.

민영이 그림에는 두 세계의 느낌이 따뜻하게 녹아 있어요. 슬픔과 기쁨이 한데 어우러져 무언가 찼다 기울었다 하는, 그야말로 아이러니한 인생의 리듬이 느껴져요. 민영이도 제목에서 달았듯이 '시들기 직전까지 밝게 빛나는 꽃', 이런 식의 제목이 주는 아련하면서도 밝은 이미지가 함께 공존해 있어요.

그림 그리는 사람이 되겠다고요? 좋아요. 한번 해 보세요. 민영이는 이미 그림 그리는 사람이 된 거지요. 부디 재미있고 즐겁게 해 주세요. 재미있게 하는 사람을 이기는 재주는 없어요. 즐거운 사람은 절대 노예화되지 않아요.

민영이 모습을 보고는 우리 딸이 어렸을 때가 생각났어요. 영락없이 민영이 같은 모습을 하고 다녔어요. 그런데 그때 아버지인 내 눈에는 우리 딸의 모습이 그렇게 유머러스해 보이지 않았어요. 내가 그때 우리 딸을 잘못 봤던 거예요. 그때 우리 딸의 모습을 보고 한 번도 "이야, 재밌는데. 멋있는데." 하고 칭찬해 주지 못했어요.

민영이 모습을 보니까 한편으로는 걱정도 돼요. 혹 민영이 아버지가 예전의 나처럼 민영이의 모습을 유머러스하게 봐 주지 못하면 어쩌나 하는 걱정도 들어요. 혹시 민영이 아버지가 예전의 나와 같은 분이라면 민영이 아버지에게 꼭 부탁드리고 싶어요. 민영이 아버지는 예전의 나처럼 후회하는 사람이 되시지 말라고요. 칭찬도 좀 많이 해 주시라고요.

짧은 만남이었지만, 아주 즐거웠어요. 민영이가 하고 싶은 공부와, 살고 싶은 삶을 위해 기도할게요. 혹시라도 힘든 일이 생기거든 이것 하나만은 꼭 잊지 말아 주세요. 민영이를 위해 기도하는 사람이 분명히 있다는 것, 민영이는 혼자가 아니라는 것, 이것만은 꼭 알아주세요. 앞으로 더 좋은 그림 기대할게요. 건강하고요.

'민영이를 위해 기도하는 사람이 분명히 있다는 것, 민영이가 혼자가 아니라는 것, 이것만은 꼭 알아주세요.'라는 문장을 읽으면서 가슴이 찡했습니다. '혼자가 아니라는 것, 나를 위해 기도하는 사람이 분명히 있다는 것'을 여러분에게 말하고 싶어 이 책을 썼기 때문입니다. 세상 모든 풀잎들에게는 "자라라, 자라라." 하고 속삭여 주는 천사가 있다고 합니다. 이처럼 우주 만물은 생명이 잘 자라도록 서로 돕고 있습니다. 여러분에게 "자라라, 자라라."라고 속삭여 주는 우주의 소리를 들어보세요. 그 소리를 듣는 방법이 있습니다. 자기 자신에게 '자라라, 자라라.' 하고 마음속으로, 혹은 소리 내어 말해 보세요. 자주 들을수록 힘이 납니다.

내 안의 빛을 찾아요

학생들이 하는 크고 작은 고민 중에는 친구 관계에 관한 것들이 많습니다. 갈등을 겪으면 "걔한테 문제가 있어요."라며 상대를 탓하기도

자라라.
자라라.

하고 “저는 늘 왜 이럴까요?” 하고 하소연하기도 하고 “우린 서로 맞지 않는 것 같아요.”라고 단호한 결론을 내리기도 합니다.

상대방을 탓하며 그를 변화시키려 하거나, 자신에게 문제가 있다고 생각해서 움츠리고 주저하면 다른 사람을 만나도 같은 결과를 마주하게 됩니다. 늘 걷던 길로 걸으면 익숙한 건물이 보이듯이 같은 생각을 말로, 행동으로 되풀이하면 같은 결과를 가져오게 되니까요.

저는 비폭력 대화를 처음 배우면서 가슴이 철렁했던 경험이 있습니다. 내 느낌을 알고 필요를 찾는 활동을 하면서, 이제까지 사랑하는 방법을 모른 채 살아왔다는 것을 깨달은 것입니다. 머릿속으로 ‘나는 ~를(을) 사랑하고 있다.’라고 생각했을 뿐이지 그 사랑을 실천하는 방법을 몰랐던 것입니다.

‘나에게 좋은 것은 너에게도 좋을 것이다.’라고 나를 중심으로 생각하면서 관계를 맺어 왔다는 것을 알았습니다. 나 하고 싶은 대로 하면서 ‘사랑하고 있다.’라고 착각하며 살아온 것입니다. 사자가 소를 사랑한다면서 자기가 좋아하는, 그러나 소는 먹을 수 없는 고기를 갖다주듯이 말입니다. 다음은 강아지와 고양이를 키우면서 사랑하는 법에 대해 알게 되었다는 친구 이야기입니다.

우리 집에는 ‘호동이’라고 불리는 강아지가 살고 있어요. 제 이름 앞 자를 따서 이름을 붙일 정도로 가족들의 사랑을 받았어요. 부모님은 호동이 덕분에 집안 식구들 성격이 부드러워졌고, 자주 산책을 하게 되어 건강도 좋아졌다며 호동이를 무척이나 아꼈어요.

그런데 어느 날 아빠가, 가게 부근을 돌아다니던 길고양이가 가엾다면서 데려와서 함께 살게 됐어요. 길고양이는 '야옹이'라고 부르기로 했어요. 야옹이가 처음 집에 왔을 때는 털이 부스스하고 윤기도 없었는데, 목욕시키고 빗질도 해 주자 털이 반지르르하면서 윤기도 나고 색깔도 고와졌어요. 야옹이는 걸음걸이도 우아하고 몸매도 멋져서 식구들은 '몸매 종결자'라며 야옹이를 추켜세웠어요.

야옹이는 지나가다가도 우리를 툭 하고 건드리는데, 그게 그렇게 귀여울 수가 없어요. 자고 싶으면 몇 시간이라도 실컷 자고서야 아는 체를 하는 그 모습도 독립적이고 자기 세계가 있다며 칭찬했어요. 식구들이 야옹이한테 빠져들어서 바깥에 나갔다 들어올 때도 "야옹아."라고 부르며 야옹이를 찾곤 했지요.

우리가 이렇게 야옹이 매력에 흠뻑 빠져 있던 어느 날 엄마 친구가 집에 오셨는데, "호동이가 달라졌다."라고 하시는 거예요. 기운이 없고 눈빛도 멍하고 사람을 봐도 반기질 않는다고요. 아주머니는 호동이가 우울증에 걸린 것 같다고 했어요. "강아지가 우울증에 걸린단 말이에요?"라며 웃어넘겼지만, 엄마도 그러고 보니 호동이가 달라졌다고 하시더라고요.

그날부터 호동이를 유심히 살폈더니 정말 많이 달라져 있었어요. 제가 알던 호동이는 우리 가족 말고 다른 사람에게는 다가가지 않았는데, 엘리베이터 안에서도 낯선 사람에게 얼굴을 갖다 대고 그러는 거예요. 자기 존재를 드러내며 사랑이나 인정을 받고 싶어 하는 것처럼 여겨졌어요. 의기양양한 야옹이와는 달리 호동이는 자기 자리에서 가만히 있는 시간이 많았어요. 이런 것들을 눈치채고 호동이가 안 보일 때만 살짝 야옹이를 안아 주는데 어느 틈에 나타나서 이쪽을 보고 있는 거예요. 그 모습이 왠지 슬퍼 보였어요. 우리 마음이 야옹이에게 쏠려 있는 동안 호동이가 얼마나 외롭고 쓸쓸하고 서글펐을지 짐작이 갔어요.

우리 식구들은 호동이한테 필요한 것은 관심이라는 것을 알게 되었어요. 그래서 호동이를 안아 주고, 쓰다듬고, 같이 산책했어요. 밖에 나갔다 들어올 때도 한 번은 '호동아.'를, 다음에는 '야옹아.'를 불렀어요. 헷갈릴 때는 '호동아, 야옹아.' 하고 한꺼번에 불렀어요. 이런 변화가 생기자 멀찌감치 앉아 있던 호동이가 가까이 다가왔고 우리를 반기는 모습도 활기차졌어요.

우리는 똑같이 사랑하고 있다고 생각했지만 호동이는 그 사랑이 옮겨 간 것을 안 거예요. 사랑받다가 그 사랑이 다른 대상에게로 옮겨 가는 것을 눈앞에서 지켜본다는 것은 정말 힘든 일이라는 것을 깨달았어요. 더욱이 '나에게 사랑을 달라.'라고 말을 할 수 없다는 사실도 너무나 가슴 아파요. 그래도 호동이가 행동으로 보여 줬고, 우리가 그것을 알아줬으니 그나마 다행이에요.

어렸을 때 동생이 태어나자 제가 손가락을 빨고 갑자기 혀 짧은 소리를 냈다는데 그것도 모두 사랑이 옮아간 것에 대한 충격이었나

봐요. 사랑하는 것보다는 받는 것이 더 좋다고 여겨 왔는데, 이 경험으로 생각이 완전히 달라졌어요. 사랑을 하는 것도 받는 것도 정말 중요한 일이라는 것을 알았어요. (18세 남학생)

우정이나 사랑은 자연스러운 감정이지만 관계를 잘 이어 가려면 필요한 기술이 있습니다. 위 학생이 사랑하는 반려동물인 호동이와 야옹이와의 관계에서 어느 한쪽을 소외시키지 않는 방법을 깨달은 것처럼요. 관계에서는 어떻게 말하고 행동하는지가 중요합니다. 동성 친구이든 이성 친구이든 그 친구와 가까워진 이유나 계기가 있을 것입니다. 그 친구를 선택한 이유를 찾아보세요. 서로 어떤 필요가 충족되어서 사귀게 되었고, 어떤 필요가 충족되지 않아서 갈등을 겪고 있는지를 살펴봅니다. 사랑은 자기 행복만큼이나 상대방의 행복에도 관심을 기울이는 것이기 때문입니다. 학생들과 '사랑'에 관한 활동을 할 때 하는 놀이가 있습니다.

'맛있는 것을 먹을 때 떠오르는 사람이 있다면 당신은 바로 그 사람을 사랑하고 있습니다.'라는 문장에 '~할 때'를 새롭게 하나씩 덧붙이는 놀이입니다. 각자 다른 구절을 추가하는데 키득키득 웃음이 나오기도 하고 "와!" 환성이 터져 나오기도 합니다. 저 역시 학생들이 항목을 말할 적마다 저도 모르게 "아, 그렇지!"라는 감탄사가 흘러나오며 우리가 사랑을 느낄 수 있는 순간들이 이렇게나 많다는 사실에 놀랍니다.

학생들은 "어떻게 하면 친구를 사귈 수 있나요?", "어떻게 하면 친구랑 오래오래 잘 지낼 수 있나요?"라고 자주 묻습니다. 그러면 저는 간단한 듯하지만 꾸준히 연습해야 할 방법을 알려 줍니다. 그것은 바로 내 느낌과 필요를 소중하게 여기고, 상대의 느낌과 필요를 그와 똑같이 존중하라는 것입니다. 그것이 바로 우정과 사랑을 소중히 잘 이어 가는 방법입니다.

존중하며 대화해요

내가 나에게 주는 최고의 선물

"내가 나에게 줄 수 있는 최고의 선물이 무엇인가요?"라고 물으면 여러분은 무어라고 대답하시겠어요? 저는 '자존감'이라고 답하고 싶습니다. 살다 보면 엎어지는 때도 있고 자빠지는 때도 있습니다. 그때 나를 일으켜 세우고 앞으로 나아갈 힘을 주는 것이 자존감이기 때문입니다. 자존감이란 나를 존중하는 마음, 나를 소중히 여기는 마음, 나를 귀하게 여기는 마음입니다. 왜 자존감이 내가 나에게 줄 수 있는 최고의 선물인지 알아볼까요?

나에 관한 것은 내가 선택하고 내가 책임지는 것이 자존감을 기르는 좋은 방법이라는 얘기를 학생들과 나누고 있었습니다. 한 학생이 "부모님이 나와 관련된 많은 것들을 결정하고 나는 그것을 따를 뿐이라 자존감을 기르기 힘들다."라고 말했습니다. 그 말을 들은 학생들이 여기저기서 "나도.", "나도."라고 말하면서 동조했습니다. 학생들의 말에 고개가 끄덕여졌습니다.

어린 시절에는 어른들이 '~해라', '~하지 마라'라고 하면 따르게 됩니다. 신체적인 안전과 정서적인 안정을 위해 어른들의 보호가 필요하기 때문입니다. 태어나서 누워 있다 뒤집고 기고 앉고 서고, 처음 걸음마를 배울 때는 어른의 손을 잡고 한 걸음씩 옮깁니다. 그것이 익숙해지면 스스로 걷게 됩니다. 양육자의 도움이 절대적일 때는 그분들에 의해 여러분의 자존감이 결정되기도 합니다.

스스로 말하고 행동할 수 있게 되면서 우리는 차츰 스스로 선택하고 책임을 지게 됩니다. 책임을 지려면 말하고 행동하는 의도를 분명히 해야 합니다. 의도가 분명해지려면 말하고 행동하기 전에 '내가 진정으로 원하는 것은 무엇인가?'라는 질문을 던져야 합니다. 놀지, 쉴지, 게임을 할지, 공부를 할지, 친구를 만날지 스스로 선택합니다. 내가 어떤 이유에서 그것을 선택했는지를 알게 되면 그 결과에 책임을 지게 됩니다. 그때 비로소 자존감을 기를 수 있습니다.

다음에는 '내가 그 일을 할 수 있는가?'라고 자신에게 물어봅니다. 혼자 힘으로 해결할 수 있으면 하면 됩니다. 다른 사람의 도움이 필요한 일이면 도움 받을 수 있는 사람을 찾기를 권합니다. 호모 사피엔스가 최상위 포식자가 된 것은 문제를 해결하기 위해서 함께 힘을 모았기 때문입니다. 지금 우리가 누리고 있는 많은 것들은 서로 유대하고 협력한 덕분입니다.

잘 살 수 있는 비결 중 하나가 "도와주세요."라고 부탁하는 것입니다. 함께 살아가는 세상을 위해 조금이라도 기여할 수 있는 힘은 도움을 주고받을 때 가능합니다. 어려움에 처했을 때 누군가의 도움이 필요할 때 가족, 친구, 선생님, 주변 사람들에게 도움을 청하기를 바랍니다. 도움을 받았을 때 얼마나 힘이 나는지를 경험한 사람은 '백지장도 맞들면 가볍다.'라는 속담에 고개를 크게 끄덕일 것입니다.

학생들에게서 "도움을 청하기 어렵다."라는 말을 듣곤 합니다. 이유를 꼽자면 많겠지요. 도움을 요청하는 사람도, 요청을 받은 사람도 기꺼운 마음으로 주고받는 것이 중요합니다. 도움을 요청하는 사람은 상대방에게 부탁하고 있는지 강요하고 있는지를 구별합니다. 상대방이 거절했을 때 기분이 언짢으면 강요한 것입니다. 도움을 요청받은 사람은 도움을 주기 어려운 형편이면 솔직하게 말하고 거절합니다. "예.", "아니오."가 분명할 때 관계의 진정성을 느낄 수 있습니다.

권위자에게 도움을 요청할 힘을 강조하기도 합니다. 권위자란 '어떤 분야에서 뛰어나다고 인정받고 영향을 끼칠 수 있는 능력을 갖춘 사람'을 뜻하지만, 부모님이나 선생님 또는 주변의 어른을 포함합니다. 상대방이 누구든 내가 하고자 하는 말을 할 수 있는 힘을 갖춰야 한다는 뜻입니다. 그런 힘은 자존감에서 우러나옵니다. 자존감은 누구 앞에서 잘난 체하지도 않지만, 누구에게 눌리지도 않기 때문입니다.

수행 평가 점수가 예상보다 낮게 나오면 어떻게 해야 할까요? 선생님을 찾아가서 말할 수 있는 용기가 필요합니다. "선생님, 제 점수가 이

상해요.", "선생님, 제 점수 왜 깎으셨어요?"라고 말하면 선생님은 어떻게 반응할까요? 내가 선생님이라고 가정하고 그런 말을 듣게 되면 어떤 말을 하게 될지 추측해 봅니다. 선생님이 바쁘지 않은 시간에 찾아가서 "선생님, 제가 수행 평가 점수를 18점으로 예상했는데 13점을 받았어요. 속상하기도 하고 궁금하기도 해요. 어째서 그 점수가 나왔는지 알고 싶어요. 제가 알 수 있을까요?"라고 말한다면 어떻게 될까요?

부탁할 수 있는 힘은 자신을 귀하게 여기는 마음, 자신을 사랑하는 마음인 자존감에서 솟아납니다. 자신을 소중하게 여기면 순간순간 자신이 필요로 하는 것을 민감하게 알아차릴 수 있습니다. 그 필요를 충족하기 위해 말과 행동으로 실천할 힘이 솟아납니다. 자신이 원하는 것을 충족하게 되면 활기차고 생동감 있는 삶을 누릴 수 있게 됩니다. 그 힘으로 다른 사람에게도 도움의 손길을 내밀 수 있게 됩니다.

여러분은 누군가에게 도움을 주었을 때 어떤 느낌을 받았나요? 뿌듯하고 힘이 났을 겁니다. 도움을 받으면 또 어떤 느낌인가요? 도움이 절실할수록 깊은 감사를 느끼고 유대와 연결을 확인할 수 있습니다. 도움을 주고받으면서 사람들의 간절한 마음을 느낄 수 있게 됩니다. 누군가가 도움을 청하는 SOS에 민감하게 반응하게 되어 사랑과 자비를 실천하게 됩니다.

☘ ☘ ☘

우리는 자존감과 자신감을 구분할 필요가 있습니다. 자존감은 '자신이 소중한 존재'라는 존재에 대한 믿음입니다. 그 믿음으로 자신과 다른 사람을 똑같이 귀하게 여깁니다. 그에 비해 자신감은 '어떤 일을 잘할 수 있다.'라는 능력에 대한 믿음입니다. '공부를 잘한다.', '연주 실력이 뛰어나다.' '운동을 잘한다.' 등 '~을 잘한다'라는 생각은 자칫 자만심과 우월감으로 변질되기 쉽습니다. 나보다 실력이 못한 사람을 답답하게 여기며 낮춰보기도 합니다. 반대로 상대방이 나보다 잘한다고 판단하면 열등감을 느끼게 됩니다. 상대방을 부러워하는 시기, 질투하는 마음이 미움으로 바뀌기도 합니다.

자신감으로 인한 우월감이나 열등감은 '잘한다', '못한다'라는 판단과 평가로 인해 비교와 경쟁을 부추깁니다. 타인을 '나보다 나은 사람', '나보다 못한 사람'이라고 평가하게 되면 상대방에 대해 적대감을 느끼기 쉽습니다. 타인에게 적대감을 가진 채 갈등 상황에 부딪히면, '네 탓'으로 돌리며 비난하거나, 화를 내며 폭력을 휘두르게 되기도 합니다.

자신감은 결과에 따라 높아졌다 낮아졌다 롤러코스터처럼 움직이는 경향이 있습니다. 어떤 경우에는 치솟아서 의욕이 넘쳤다가 다른 경우에는 곤두박질쳐서 움츠러들곤 합니다. 특정 목표를 위해 좁은 접시 위에서 종종걸음 치는 모습에 비유할 수 있습니다. 자신감이 커지는 만큼 두려움과 불안이 함께 커지기 때문입니다.

물론 자존감이 높아도 두려움과 불안을 느낍니다. 그러나 자존감이 높은 사람은 자기 존재에 대한 믿음이 있으므로 이내 마음의 평정을 찾게 됩니다. 갈등이 생겨도 해결에 힘을 쏟지, 누구를 탓하거나 자책하지 않습니다. 한마디로, 세상이라는 넓은 운동장에서 이것저것 탐색하면서 삶을 누리는 모습에 비유할 수 있습니다. 자존감이 높아지면 자신감은 함께 올라갑니다. 그럼 자존감을 높이는 방법을 알아볼까요?

자존감을 높이는 방법

첫째, 불쾌한 느낌을 알아차리고, 자기감정을 분명하게 표현합니다.

불쾌한 감정을 느꼈을 때 그것을 알아채고 알맞은 정서적 반응을 나타내면 자존감이 높아집니다. 몸이나 마음이 힘든 것을 알아차리고 그것을 말이나 글로 표현하는 일은 나를 돌보는 일이기 때문입니다. 기쁘면 웃거나 기쁘다고 말하고, 슬프면 울거나 슬프다고 말합니다. 화가 나면 화가 났다고 말하고, 피곤하면 피곤하다고 말하고, 억울하면 억울하다고 말합니다. 서운하면 서운하다고 말하고, 잘못이나 실수에 대해서는 미안하다고 말합니다.

캘리포니아 대학교의 심리학자 자레드 토레와 매튜 D. 리버먼은 '감정에 이름 붙이기'라는 연구 결과를 발표했습니다. 연구 참가자들에게 뱀이나 병원 치료 장면처럼 두려움이나 고통을 느낄 수 있는 장면을 보여 준 뒤 사진을 보고만 있는 것과, 자기가 느끼는 감정에 이름을 붙이도록 했을 때 고통의 강도를 조사했습니다. 실험 결과, 참가자들은 자기가 느낀 감정에 이름을 붙였을 때 두려움과 고통을 덜 느낀다고 응답했습니다.

느낌에 이름을 붙이고 그것을 말로 표현하는 행동이 감정의 충격을 완화한다고 합니다. 또 어려운 수학 시험을 앞둔 학생들에게 자기가 느끼는 걱정과 불안함을 글로 쓰게 했을 때, 감정을 표현하지 않은 학생들보다 글로 써 본 학생들이 평소보다 높은 점수를 받았다는 실험 결과도 있습니다. 이에 대해 매튜 D. 리버먼 교수는 "감정을 표현할 수 있을 때, 감정의 고통으로 인한 스트레스가 줄어든다."라고 말했습니다.

불쾌한 느낌을 누르거나 표현하지 못하는 것은 두려움 때문입니다. 나의 반응에 대해 사람들이 어떻게 생각할지에 대한 두려움, 관계가 틀어질 수도 있다는 걱정 때문에 감정을 표현하기 어려워집니다. 그런 경우에는 그 상황에서 느끼는 여러 가지 감정이 무엇인지 느낌 말 목록에서 찾아보고 종이에 적어 봅니다. 목록 중 어떤 감정이 가장 강렬한가도 찾아봅니다. 그것만으로도 감정의 파도가 가라앉아서 후회하게될 말이나 행동을 할 확률이 낮아집니다. 가족이나 친구에게 강도가 낮은 감정을 말하는 것으로 시작해서 점차로 강도가 높은 감정을 말로 표현해 봅니다. 가슴이 뻥 뚫리는 듯한 통쾌함을 느낄 수 있습니다.

감정을 표현할 때는 내 목소리에 어떤 감정이 실려 있는지를 알아차리며 말합니다. 1학년 남학생반을 맡았던 때였습니다. 한 학생이 저에게 "선생님, 친구들 앞에서 꾸짖지 말아 주세요. 창피해서 몸이 쪼그라드는 것 같아요."라는 내용이 적힌 쪽지를 주었습니다. 그 쪽지를 읽고 가슴이 철렁했습니다. 학생을 가르친다고 한 말이었는데 학생은 그 말에서 꾸짖음을 느꼈던 것입니다. 때로는 내용보다 말에 실린 감정이 중요하다는 사실을 처음으로 깨달았습니다. 만약 학생이 이런 내용을 다른 친구들이 있는 데서 말로 했다면 어땠을까요? '제 잘못은 생각도 안 하고 대들어?'라고 괘씸하게 여겼을지도 모릅니다. 학생이 쪽지로 힘든 감정을 알린 덕분에 제 실수를 차분히 마주할 수 있었고 내가 하는 말이 상대방에게는 어떻게 들릴지를 생각해 보게 되었습니다.

* * *

둘째, 불쾌한 일을 오래 곱씹지 않고 소화시킵니다.

불쾌한 감정을 느끼면 몸이나 마음에 먹구름이 낍니다. 원하는 것을 충족하지 못해서 짜증이, 화가 솟구칩니다. 이런 상태를 알아채지 못하고 말이나 행동을 하면 먹구름이 천둥 벼락으로 변해서 충돌이 일어나기 쉽습니다. 그렇다고 먹구름을 피하거나 억지로 눌러버리면 우울해지고 의욕이 떨어집니다.

불쾌한 일을 마음에 오래 담아두지 않고 소화시키는 것도 자존감을 높이는 한 방법입니다. 불쾌한 일을 담아두지 않으려면 '불쾌'를 느낀 순간에 그것을 알아차려야 합니다. 우리는 외부 자극에 대한 어떤 생각 때문에 불쾌감을 느끼는 일이 많습니다. 내가 한 말에 대해 친구가 "아니, 그게 아니야."라고 대꾸하면 언짢아집니다. '왜 내 말을 반박하는 거야?', '내 말을 무시하네?'라고 생각하게 됩니다.

불쾌는 내가 기대한 것이 어그러졌거나 어떤 생각 때문에 일어납니

다. 그럴 땐 내가 무엇을 기대했는지, 어떤 생각을 하고 있는지를 찾아봅니다. 친구가 내 말에 동조하거나 공감하기를 기대했다면 "나는 네가 내 말에 동조해 주기를 기대했어."라고 말합니다. 어떤 생각 때문이라면 그 생각을 말합니다. "아니라는 말을 들으니 내 말을 반박하는 것 같아서 서운했어."라고 말합니다.

기대나 생각을 말로 전하면 소화제를 먹은 것처럼 불편한 느낌이 가라앉습니다. 그러면 불쾌한 일을 오래 곱씹고 반복해서 생각하지 않을 수 있습니다. 마음이 체한 것을 알고 소화제를 먹었기 때문입니다. 혼자 해결할 수 없는 문제이면 주위 사람에게 도움을 청합니다. 문제 해결에 도움을 줄 수 있는 사람을 떠올리는 것만으로도 마음에 얹힌 짐을 덜어낼 수 있습니다.

'불쾌한 느낌 때문에 가슴이 답답하면 마음이 체한 것'이라는 표현에 손뼉을 치고 싶었어요. 그날 선생님 강의 바로 전에 마음이 체한 일이 있었거든요. 복도에서 옆 반 애가 제 어깨를 팍 치고 지나갔어요. 놀라서 그쪽을 보니 오히려 얼굴을 찌푸리며 "뭐야? 왜 봐? 기분 나쁘게."라고 말하는 거예요. 기가 막혀서 그냥 왔지만 내내 마음이 언짢았어요. 그래서인지 선생님이 알려주신 '마음이 체했을 때 소화시키는 방법'이라는 표현이 머리에 쏙쏙 들어왔어요. 상대방이 한 말이나 행동에 대해 "나에 대한 것이 아니다. 그 사람이 욕구불만에서 한 말이나 행동이다."라는 말을 들으니 종례 시간에 성적표를 받은 일이 떠올랐어요. 나도 성적표 때문에 마음이 상했는데 내 어깨를 치고서 눈을 부라린 그 친구도 성적 때문에 마음이 상했을지 모른다는 생각이 들었어요. 그러자 짜증 나고 화났던 마음이 왠지 모를 슬픔으로 변했어요. (17세 여학생)

누군가의 말이나 행동 때문에 불쾌해지면 불쾌한 감정의 원인이 그 사람에게 있다고 생각하기 쉽습니다. 사실 상대방의 말이나 행동은 자극일뿐입니다. 유쾌와 불쾌를 결정하는 것은 나 자신입니다. 친구랑 놀러가자고 했는데 친구가 이를 거절한다면 서운하고 속상해집니다. 반대로 몸이 힘들거나 다른 볼 일이 생기면 친구의 거절이 다행스럽고 고마울 것입니다. 내 안에 답이 있습니다. 바깥에서 답을 찾으면 원망과 미움으로 마음이 상합니다. 불쾌한 감정이 들면, 원하는 것을 찾는 행동으로 방향을 틀기를 바랍니다.

상대방이 "너 때문에 마음이 상했어."라고 불쾌감을 말하면 무조건 잠시 듣기를 권합니다. 곧바로 "나는 그런 의도가 아니었어."라고 변명하지 않기를 당부합니다. 일단 불쾌함을 느끼면 어떤 말도 귀에 들리지 않기 때문입니다. 상대방이 어떤 말을 하든 그것은 그 사람의 생각이므로 일단 존중합니다. "왜 그렇게 생각하냐?"라고 내 말을 하기 시작하면 말싸움으로 번지기 쉽습니다. 상대방의 말을 들어 보니 나의 실수가 있었다면 그에 대해 사과합니다. 옳고 그름, 잘잘못을 따지지 않고 '이 일에서 무엇을 배울 것인가'에 초점을 맞추면 나의 자존감이 훌쩍 커집니다.

✤ ✤ ✤

셋째, 내가 한 말과 행동에 책임을 집니다.

자존감을 높이는 방법 중 하나는 자율성을 높이는 것입니다. 자율성은 자신과 연관된 문제에 대해서 스스로 결정을 내리고 그 결과에 대해 책임지는 것을 뜻합니다. 그렇게 하려면 순간순간 어떻게 말하고 행동할 것인지를 선택하고, 그것에 책임을 지는 태도를 가져야 합니다. 말과 행동에 민감해질 필요가 있습니다. 민감해진다는 것은 내가 원하고 있는 바를 말하고 있는지, 상대방의 반응은 어떠한지를 살피는 일입니다.

"내가 무얼 하고 싶은지 모르겠다.", "하고 싶은 일이 별로 없다."라고 말하는 학생들이 많습니다. 오랫동안 다른 사람이 원하는 것에 맞추어 살다 보면 자신이 원하는 바를 알기 어렵습니다. 그럴 땐 내가 무엇을 할 때 즐거운지, 어떤 일을 하면 뿌듯한지 관찰하기를 바랍니다. 흥미를 느끼는 일, 마음이 흐뭇해지는 일이 배움과 성장을 가져옵니다. 그런 일을 찾는 것도 중요하지만, 때로는 어떤 일을 꾸준히 하다 보면 그 일이 재미있고 좋아지는 때도 있습니다. 괴롭지 않다면 좀 더 견뎌 보는 것도 한 방법입니다. 결과물을 얻기 위해서는 훈련의 시간이 필요하기 때문입니다.

고등학교 진학을 앞두고 부모님이 원하는 것과 제가 원하는 것이 달라서 갈등이 심했어요. 부모님의 말씀을 듣다 보면 그 뜻에 따라야 할 것 같아 제 뜻이 흔들리기도 했어요. 그런데 혼자서 곰곰이 생각하면 제가 정말로 하고 싶은 일을 하겠다는 열망이 커졌어요. 진학을 위한 여러 가지 정보와 계획, 취업까지 할 일을 찾다 보니 제 뜻이 더 확고해졌어요. 제가 원하는 특성화고 진학을 위해서는 갖춰야 할 것이 의외로 많았기 때문에 갈팡질팡하는 시간이 아까웠어요. 부모님께 제 생각과 진학 준비 등 결과물을 정리해서 보여 드리자 부모님께서 승낙하셨어요. (16세 남학생)

스스로 어떤 일을 선택하고 책임을 지기 위해서는 경계를 짓는 일이 중요합니다. 내가 책임질 '내 일'인지 상대방이 책임질 '네 일'인지를 구분합니다. 내 일이라면 스스로 선택하고 책임을 집니다. 다른 사람의 일이라면 그 사람이 스스로 도움이나 조언을 청하기 전에는 관여하지 않는 것이 원칙입니다. 그렇게 되면 '예', '아니오'가 분명해집니다. '예', '아니오'를 확실하게 하면 선택한 것에 대해 집중도가 높아집니다.

만약 도움이 필요하다면 어떤 도움이 필요한가를 구체적으로 말합니다. 과제를 하는데 자료 조사에 어려움을 느낀다면 이를 구체적이고 명확하게 말합니다. 만약 상대방이 자료 조사 외에 주제 선정이나 리포트 구성에 대해서 조언한다면 그것을 받아들일 것인지 말 것인지를 스스로 선택합니다. 자칫 도움이 간섭으로 변해 나의 마음이 불편해질 수 있기 때문입니다. 상대방의 도움에 감사가 아니라 귀찮고 짜증이 난다면 그것을 알아차립니다. 상대방이 도움을 준다는 명분으로 원하지 않는 데까지 힘을 미치면 "자료 모아 주신 것은 고맙지만, 다른 것은 제가 하겠습니다."라고 부드럽게 거절 의사를 표현합니다.

자기 말과 행동을 선택하고 그것에 책임을 지면 뿌리 깊은 나무가 될 수 있습니다. 때로는 외부의 자극에 흔들리기도 하지만 다시 자기중심을 잡을 수 있습니다. 자기 선택을 확실하게 하고 그것에 책임을 지면 당당해지기 때문입니다. 도움을 청하지 않았는데, 즉 '내 일'이 아닌 '네 일'에 관여하는 것은 다른 사람의 영토에 허락 없이 들어가는 것과 같습니다. 나의 자율성을 소중히 여길 때 다른 사람의 자율성도 존중하여 타인의 영토에 함부로 발을 들이밀지 않게 됩니다. 상대방이 도움을 청할 때, 그리고 내가 기꺼이 하고 싶은 마음이 들 때 도움을 줍니다. 상대방 기분이 상할까 봐 승낙했다가 뒷말을 하는 것은 삼갑니다.

넷째, 감사할 일을 알아차립니다.

만족하고 감사하는 순간이 많을수록 자존감이 높아집니다. 만족은 욕구가 충족되었다는 상태나 느낌을 뜻합니다. 자신이 처한 상황을 받아들인 상태를 말하며, '자족'이라고도 불립니다. 자족이란 스스로 만족한다는 뜻이 있습니다.

외부적인 조건인 부와 명예는 만족과 비례하지 않는다는 연구 결과가 많습니다. 계속해서 더 많은 부와 명예를 바라게 되기 때문입니다. 비슷한 상황에서도 만족하는 이가 있는가 하면 불만을 느끼는 사람도 있습니다. 파랑새를 찾아 먼 곳으로 떠났지만, 그토록 찾아 헤맨 파랑새가 자기 집 새장에 있음을 발견한 것처럼 만족은 상황보다 생각, 마음가짐에 따라 달라집니다.

'나는 ( )을 할 수 있다.'라는 괄호 쓰기 문장을 완성하는 활동과, '내가 ( )을 할 수 있다면 좋을 텐데.'라는 괄호 쓰기 문장을 완성하는 활동을 한다고 가정해 봅시다. 여러분은 두 개 활동 중 어떤 활동에서 안도감과 만족, 감사를 느끼게 될까요? '나는 ( )을 할 수 있다.'라는 문장을 만들다 보면 별생각 없이 하고 있던 많은 것들을 새로운 관점으로 보게 되어 만족과 감사를 느낄 수 있습니다. 반면에 '내가 ( )을 할 수 있다면 좋을 텐데.'라는 문장을 만들다 보면 그렇지 못한 현재에 불만을 느끼게 됩니다. 어떻게 생각하느냐에 따라 그 자리에서 만족과 불만족이 바뀝니다.

저는 집에서도 학교에서도 저에 대한 말을 들으면 그게 어떤 말이든 불안해요. 칭찬을 들으면 더 잘해야 할 것 같아서 부담스럽고, 부정적인 말을 들으면 머릿속에서 그 말이 오랫동안 뱅뱅 돌아요. 성적표를 받은 날이었어요. 몇 등인지, 점수가 가장 낮은 과목이랑 점수가 떨어진 과목은 무엇인지부터 확인했어요. 집으로 오는 길에 친구한테 그 얘기를 했더니 친구는 가장 점수가 좋은 과목이랑 점수가 오른 과목을 확인한다고 했어요. 그다음에 어떤 과목의 성적이 떨어졌나를 본대요. "힘 좀 얻어야 떨어진 과목을 공부할 마음이 생

기더라."라는 말에 친구를 다시 보게 됐어요. (15세 여학생)

'자족'은 일어난 일을 편하게 바라보는 태도입니다. 어떤 일이든 그것을 인정하면 마음이 안정됩니다. '왜 이런 일이 일어난 거야?'라고 억울해하면 마음을 다스리는 데 시간이 오래 걸립니다. '왜 저러는 거야?'라는 불만보다는 '왜 저럴까?'라는 호기심으로 살펴보면 상황을 이해하게 되기도 합니다. 원하지 않은 일이지만 이미 일어난 사실임을 인정하면 들끓었던 마음이 담담해집니다. 그 여유로 불만족스러운 상황을 어떻게 하면 개선할 수 있을까를 생각해 봅니다.

불만을 만족으로 이끌려면 스스로 약점이라고 생각한 부분이나 다른 사람의 부정적인 평가를 담담하게 인정하는 훈련이 필요합니다. 누구에게나 약점이 있습니다. 다른 관점으로 보면 약점이 강점이 되기도 합니다. 어떤 사람은 '느리다'고 짜증 내는 부분을 다른 사람은 '느긋하다'고 칭찬하기도 합니다. 누군가는 '차갑다'라며 단점으로 지적한 부분을 다른 사람은 '쿨하다'며 매력적으로 보기도 합니다. 관점에 따라 평가가 긍정에서 부정으로 왔다 갔다 합니다. 그런 평가에 대해 유연하게 반응할 수 있으려면 몸과 마음의 상태를 점검합니다. 몸과 마음이 편안하면 자족으로 갈 수 있습니다.

자족하느냐 못하느냐를 구분하는 기준이 재미있습니다. '자신의 외모에 만족하는가'로도 자족 여부를 알 수 있다고 합니다. 외모에 만족한다는 것은 '지금 이대로의 나'를 인정한다는 뜻입니다. 외모든 성격이

든 모두가 다르므로 우열을 가리는 일이 우습게 여겨지기도 합니다. 여러분은 자신의 외모에 만족하나요? 예전에 저는 키가 크고 얼굴이 크고 허벅지가 굵고 등등 외모에 불만이 많았습니다. 당시 인기 있는 여성의 외형은 아담한 체구에 동그랗고 귀염성 있는 얼굴이었기 때문입니다. 그런 여성과 비교하면 저는 아주 달랐습니다.

수십 년이 지난 지금은 제 외모에 만족하고 있습니다. 여기저기 주름이 생기고 검버섯도 보이지만 젊을 때 느끼지 못했던 만족을 느끼고 있습니다. 이런 변화는 마음의 움직임을 꾸준히 관찰한 덕분입니다. 또 TV나 SNS에 떠도는 여러 이미지와 나를 비교하지 않기 때문입니다. 화려한 이미지에 크게 흔들리지 않는 이유는 그 이면에 어둠도 있다는 사실을 알기 때문입니다.

다섯째, 공감 능력을 키웁니다.

자존감을 높이는 데 공감 능력의 중요성은 여러 번 강조해도 지나치지 않습니다. 자존감을 높이는 데 왜 공감이 중요할까요? 공감은 내 몸 상태가 어떠한지 느낌은 어떠한지를 살펴서 내게 필요한 것을 찾는 첫 걸음입니다. 몸과 마음이 원하는 것을 알고, 가능한 수단이나 방법으로 필요를 충족시키면 힘이 솟아납니다. 그 힘으로 누군가의 몸 상태나 마음 상태를 헤아릴 수 있는 여유를 갖게 됩니다. 나에게 이롭고 누군가에게도 이로운 말이나 행동을 하면 자존감은 자연스럽게 향상됩니다.

몸이나 마음이 힘든 것을 알아차리는 능력이 중요합니다. 몸이나 마음에 빨강 신호등이 켜지면 하던 일을 멈추고 '나에게 무엇이 필요한가'를 찾아보기 바랍니다. 휴식이 필요하면 잠시라도 쉬고, 긴 휴식이 필요하다고 판단되면 주변에 알리고 충분히 쉬어 줍니다. 억울한 일이 있으면 마음에 담아두지 않기를 바랍니다. 작은 감정이 쌓이다가 걷잡을 수 없이 커질 수 있기 때문입니다. 말로 하기 힘들면 상대방에게 하고 싶은 말을 글로 써 봅니다. 상대방 입장이 되어 그 글을 읽어 보고 표현을 조심스럽게 고쳐나갑니다. 그런 뒤 상대방에게 내 마음을 전달하기를 바랍니다.

내가 힘든 것을 누군가가 알아채고 "무슨 일이 있니?", "무엇을 도와줄까?"라고 물어본다면, 내 마음이 어떨까요? 관심을 가져 준 사람과 그 순간 마음으로 연결됩니다. "친구네 엄마가 제가 집에서 혼자 지내는 사실을 알고 친구네로 오라고 하셨어요. 친구랑 저녁밥도 먹고 공부하다가 엄마가 퇴근하는 시각에 집에 가곤 했어요. 저도 나중에 그런 어른이 되고 싶어요."라고 말했던 학생이 기억납니다. 공감하고, 공감받으면 자존감은 쑥쑥쑥 자라게 됩니다.

☘ ☘ ☘

언젠가 학생들이 수업 시간에 '유리 멘털'과 '강철 멘털'에 대해 말한 적이 있습니다. 유리 멘털과 강철 멘털을 나누는 기준이 재미있었고 절로 고개가 끄덕여졌습니다.

	유리 멘털	강철 멘털
사람을 대하는 태도	강한 사람에게 잘 보이려 하고 약한 사람은 은근히 무시한다.	강한 사람과 약한 사람을 차별하지 않는다.
긍정적인 평가에	으스대고 잘난 체한다. 아니라고 부인하기도 한다.	고마워한다.
부정적인 평가에	변명하거나 움츠리들기도 하고 뒤에서 그 사람의 흉을 본다.	그 사람의 의견으로 인정한다. 성장을 위한 조언으로 여긴다.
함께 있으면	자기중심적이라 불편하다. 다른 사람에게 맞춰 주는 경향이 있어 편하다고 느끼기도 한다.	정서가 안정되어 있어 함께 있으면 편안하다.

저는 '유리 멘털'이라 조그마한 일에도 간이 쪼그라들고 가슴이 벌렁거려서 공부에 집중하기 어렵고 친구 사이도 힘들었어요. 상담 선생님을 만나서 이것저것 배우면서 요즘은 많이 나아졌어요. 한번은 선생님이 호흡 명상법을 가르쳐 주셨어요. 배에 손을 대고서 숨을 들이마시면 배가 불룩해지고 내쉬면 쏙 들어가는 것을 느껴 보라고 하셨어요. 틈만 나면 하라 하셔서 버스나 지하철 안에서도 배가 불룩해지고 들어가는 것을 의식했어요. 호흡법으로 숨이 점점 깊어지는 것을 느꼈어요. 호흡이 깊어지자 신기하게도, 불안하고 초조하고 조급해서 가슴이 쿵쾅거리던 증상이 많이 사라졌어요. 이제는 불

안하면 눈을 감고 호흡 명상을 하곤 해요. 호흡 명상이 저에게는 신경 안정제랍니다. (14세 여학생)

우리는 상황에 따라 강철 멘털이 됐다가 금세 유리 멘털이 되기도 합니다. 유리 멘털이 되면 자극에 이리저리 흔들리다가 몸과 마음에 금이 가기 쉽습니다. 관계까지 금이 가서 멀어지게 됩니다. 이럴 때 몸과 마음에 금이 가지 않게 하는 방법이 있습니다. 상대방이 나를 향해 불쾌한 말이나 행동을 했을 때 곧바로 반응하지 않는 것입니다. 즉각적으로 대응하면 서로 으르렁거리며 싸우게 될 수 있습니다.

'나에 대한 것이 아니야. 저 사람 마음이 상해서 한 말이야.'라는 문장을 주문처럼 떠올립니다. '저 사람 마음이 상해서 저렇게 말하고 행동하는구나.'라고 생각할 수 있다면 여러분은 공감으로 가는 다리를 건너게 됩니다. 공감으로 가는 다리를 건너게 되면 마음이 차분해집니다. 마음이 차분해지면 다르게 반응할 수 있습니다. 그럴 때 말하는 내 목소리를 귀로 들어보면 다정함이 느껴질 수도 있습니다.

호흡 명상법으로 마음이 안정되는 것도 유리 멘털을 벗어나는 방법입니다. 자신의 상태를 알아채고 돌보는 것이 공감의 첫걸음이기 때문입니다. 그런 뒤에는 상대방의 표정이나 말, 동작을 관찰하고 상대방의 몸 상태나 느낌이 어떤지를 추측해 봅니다.

상대방의 상태를 직접 물어보는 방법도 좋습니다. 상대의 말을 경청합니다. 상대방이 하는 말을 들을 때는 상대방이 무엇을 원해서 저 말을 하는지를 탐구하며 듣는 연습을 추천합니다. 상대에게 공감하며 대화할 수 있으면 서로 유대하고 협력하며 만족과 감사로 이어집니다. 최근에 어떤 분이 노숙자를 보고 "저분 어머니가 본다면 얼마나 가슴이 아플까."라고 말하는 것을 듣고, 그 말을 한 분을 다시 쳐다본 일이 있습니다. 혐오와 배척의 말이 아니라 공감의 언어를 사용하는 모습이 참으로 아름다운 사랑과 자비로 빛나 보였습니다. 자신을 소중히 여기는 마음이 다른 사람을 소중히 여기며 공감하는 마음으로 번져나가기를 진심으로 바라봅니다.

여기까지 읽어 주신 여러분에게 다시 한번 깊은 감사를 드립니다. 책을 읽은 여러분이 무엇을 느꼈는지 그리고 무엇을 해 보고 싶은지 궁금합니다. 한 사람 한 사람 만나서 소감도 듣고 조언도 듣고 싶습니다. 같이 책을 읽고 대화하면서 다양한 활동 수업도 해 보고 싶습니다.

10년 전 처음 이 책을 냈을 때 매일 새벽에 일어나자마자 책상에 앉아 원고를 썼습니다. 새벽 기운과 함께 봄, 여름, 가을이 흘렀습니다. 하루를 시작하는 기운과 제 안에 있는 사랑을 책에 담고 싶었습니다. 작고 여린 영혼들이 씩씩하고 힘차게 그리고 재미나게 자기 삶을 살아갈 수 있는 힘을 일깨우고 싶었기 때문입니다.

봄물만큼 깊고, 가을 산만큼 높고, 달만큼 빛나고, 돌만큼 굳은 사랑이 여러분 안에 있습니다. 사랑을 느끼기를 바랍니다. 고맙습니다.

느낌 말 목록

♦ 이 느낌 말 목록은 완전한 것이 아닙니다. 자신의 느낌 말을 더 추가해 보세요.

필요가 충족되었을 때

감동받은, 뭉클한, 감격스런, 벅찬

환희에 찬, 황홀한, 충만한

고마운, 감사한

즐거운, 유쾌한, 통쾌한, 흔쾌한

기쁜, 반가운, 행복한

따뜻한, 감미로운, 포근한, 푸근한

사랑하는, 훈훈한, 정겨운

정을 느끼는, 친근한, 뿌듯한

산뜻한, 만족스런, 상쾌한

흡족한, 개운한, 후련한, 든든한

흐뭇한, 홀가분한, 평온한

편안한, 느긋한, 담담한, 친근한, 긴장이 풀리는

차분한, 가벼운, 평화로운, 누그러지는, 고요한

여유로운, 진정되는, 잠잠해진

흥미로운, 매혹된, 재미있는, 끌리는

활기찬, 짜릿한, 신나는, 용기 나는

기력이 넘치는, 기운이 나는, 당당한

살아 있는, 생기가 도는, 원기가 왕성한, 자신감 있는, 힘이 솟는

흥분된, 두근거리는, 기대에 부푼, 들뜬, 희망에 찬

필요가 충족되지 않았을 때

걱정되는, 까마득한, 암담한, 염려되는, 근심하는

신경 쓰이는, 뒤숭숭한

무서운, 섬뜩한, 오싹한, 간담이 서늘해지는

겁나는, 두려운, 진땀 나는, 주눅 든

불안한, 조바심 나는, 긴장한, 떨리는, 조마조마한, 초조한

불편한, 거북한, 겸연쩍은, 곤혹스러운, 멋쩍은

쑥스러운, 언짢은, 괴로운, 난처한, 답답한, 갑갑한

서먹한, 어색한, 찝찝한

슬픈, 구슬픈, 그리운, 목이 메는, 서글픈, 서러운

쓰라린, 애끓는, 울적한, 참담한, 처참한

한스러운, 비참한, 안타까운, 처연한

서운한, 김빠진, 애석한, 야속한, 낙담한, 냉담한, 섭섭한

외로운, 고독한, 공허한, 허전한, 허탈한, 막막한, 쓸쓸한, 허한

우울한, 무력한, 무기력한, 침울한, 꿀꿀한

피곤한, 좌절한, 따분한, 맥 빠진, 귀찮은, 지겨운, 절망스러운

혐오스런, 밥맛 떨어지는, 질린, 정떨어지는

혼란스러운, 멍한, 창피한, 놀란, 민망한, 당혹스런, 부끄러운

화나는, 끓어오르는, 속상한, 약 오르는, 분한

느낌으로 혼동하기 쉽지만 느낌이 아닌 것들

강요당한	버림받은	이용당하는
거절당한	오해받은	인정받지 못하는
공격당한	위협당하는	조종당하는
궁지에 몰린	의심받은	학대받은
따돌림 당하는	무시당한	협박당하는

필요 목록

♦ 이 필요 목록은 완전한 것이 아닙니다. 자신의 필요를 더 추가해 보세요.

자율성

자기 결정, 선택, 자유, 자립, 사생활 존중

신체적 생존

공기, 물, 음식, 주거, 휴식, 잠

신체적 접촉, 성적 표현, 자기 보호, 돌봄

자유로운 움직임, 운동, 신체적 안전, 편안함, 건강

치유, 회복

사회적 / 정서적 상호 의존

나눔, 협력, 도움, 지원

유대, 소통, 사랑, 관심, 우애, 친밀함, 정서적 안전

공감, 연민, 이해, 수용, 지지, 위로, 배려, 존중

감사, 인정, 신뢰

소속감, 공동체, 참여, 받아들여짐, 공유

놀이

재미, 즐거움, 웃음

삶의 의미

능력, 기여, 도전, 자극, 발견, 명료함

가치, 보람, 주관, 자기표현

축하, 애도

목표, 꿈, 비전, 열정

성취, 성장, 배움, 생산, 숙달, 효율

깨달음, 영감, 창의성

온전함

성실, 온전함, 정직, 진실, 자존감, 비전, 일치, 꿈

아름다움 / 평화

아름다움, 조화, 홀가분함, 여유, 질서, 평화, 평등

영적 교감, 영성, 평온함

MEMO

출처 및 이용 허락

- 32쪽 〈여인숙〉 잘랄 아드딘 루미 – 『루미詩抄』, 이현주 옮김, 늘봄, 2014년
- 71쪽 〈그대로도 아름다운 너에게〉 옥상달빛 – 음악저작권협의회
- 164쪽 〈고향〉 백석 – 남북저작권센터
- 195쪽 다음 카페 '이야기 밥'

누가 알아줄까 내 마음?

청소년을 위한 비폭력 대화 개정증보판

초판 1쇄 펴낸날 2013년 11월 30일
개정판 1쇄 펴낸날 2024년 06월 26일

지은이 김미경
펴낸이 홍지연

편집 홍소연 이태화 김선아 김영은 차소영 서경민
디자인 이정화 박태연 박해연 정든해
마케팅 강점원 최은 신종연 김가영 김동휘
경영지원 정상희 여주현

펴낸곳 ㈜우리학교
출판등록 제313-2009-26호(2009년 1월 5일)
제조국 대한민국
주소 04029 서울시 마포구 동교로12안길 8
전화 02-6012-6094
팩스 02-6012-6092
홈페이지 www.woorischool.co.kr
이메일 woorischool@naver.com

ISBN 979-11-6755-245-7 43190

만든 사람들
편집 이태화
디자인 권수아, 이정화